经济贸易的理论与实践研究

刘萧玮 著

中国原子能出版社
China Atomic Energy Press

图书在版编目（CIP）数据

经济贸易的理论与实践研究 / 刘萧玮著 . -- 北京：
中国原子能出版社 , 2022.12
ISBN 978-7-5221-2425-4

Ⅰ . ①经… Ⅱ . ①刘… Ⅲ . ①贸易理论—研究 Ⅳ .
① F710

中国版本图书馆 CIP 数据核字 (2022) 第 228235 号

经济贸易的理论与实践研究

出版发行　中国原子能出版社（北京市海淀区阜成路 43 号 100048）

责任编辑　潘玉玲

责任印制　赵　明

印　　刷　北京天恒嘉业印刷有限公司

经　　销　全国新华书店

开　　本　787mm×1092mm　1/16

印　　张　10.875

字　　数　220 千字

版　　次　2022 年 12 月第 1 版　　2022 年 12 月第 1 次印刷

书　　号　ISBN 978-7-5221-2425-4　　　　定　　价　76.00 元

前　言

在各国经济合作与竞争日益加强的今天，经济贸易一直是各国经济联系的主要形式之一。随着经济活动的进行，经济贸易作为一门既古老又年轻的学科，得到了空前的发展。经济贸易是社会生产力发展到一定阶段的产物，它是随着国际分工的出现和世界市场的形成而产生和发展起来的。在当今世界，经济活动发展迅速，国际分工体现出新的特点和趋势，商品和服务的交换行为也呈现出新的发展方向。

本书对经济贸易的理论与实践进行分析和研究，首先概述了经济贸易经典理论、国际贸易政策，并分析了经济全球化与国际服务贸易、贸易与区域经济差距以及知识经济与对外贸易，然后分析了对外贸易经济效益、对外贸易企业收汇风险以及社会主义市场经济与对外贸易，接着对中国对外贸易与经济增长的关系进行研究，并对促进中国对外贸易与区域经济增长的对策建议做出分析，最后在国际贸易与区域经济增长方面进行探讨和总结。

为了提升本书的学术性与严谨性，在撰写过程中，笔者参阅了大量的文献资料，引用了诸多专家学者的研究成果，因篇幅有限，不能一一列举，在此一并表示最诚挚的感谢。由于时间仓促，加上笔者水平有限，在撰写过程中难免出现不足的地方，希望各位读者不吝赐教，提出宝贵的意见，以便笔者在今后的学习中加以改进。

目　录

第一章　经济贸易经典理论

第一节　重商主义思想

顾名思义，重商主义（mercantilism）就是一种强调"商业""资本""财富"在一国对外经济活动中具有重要意义的理论思想。究其历史，重商主义是一种产生于15—17世纪的西方经济思想，它产生于西方封建社会逐渐瓦解和资本主义逐步发展的原始积累阶段，反映了当时的理论动向与政策变化。关于重商主义的出处，一般认为是由亚当·斯密（Adam Smith）在其重要著作《国民财富的性质和原因的研究》，即《国富论》一书中提出的，在此之后，人们对于国际贸易的思考与研究可以说都是从重商主义出发的。

一、重商主义的经济思想

重商主义认为，一个国家的经济发展必须建立在对货币财富的大量积累之上。这意味着在以金银等贵金属为货币的时代，一个国家的金银储备越多，国民经济也就越发达。按照这样的逻辑，重商主义主张政府应加强对经济的干预，特别是要强化对国际贸易的管理。一个国家要尽可能地增大出口而减少进口，即通过扩大贸易顺差来实现对财富和资本的不断积累。

重商主义的发展可以被划分为早期重商主义和晚期重商主义两大阶段。

早期重商主义又被称为"货币差额论"，形成于15—16世纪，研究者以英国的威廉·斯塔福（William Staffor）和约翰·海尔斯（John Hales）为代表，在这一时期，人们普遍认为财富就是货币，货币就是金银，主张严格限制贵金属货币的向外输出，尤其是在国际贸易中，应当通过政府的行政政策来主动实现多出口、少进口或不进口，从而形成所谓的"货币平衡"。在货币差额论的影响下，政府开始干预经济和贸易，货币、资本及商品的自由流动被人为限制，甚至连外国商人的经营活动也被管控起来。在这一思想的作用下，国家的货币看似得到了积累，但国际贸易尤其是自由贸易的优势却并没有得到应有的重视。

晚期重商主义也被称为"贸易差额论",形成于16—17世纪,研究者以英国的托马斯·孟(Thomas Mun)为代表。在这一时期,人们开始意识到片面强调在每一笔国际贸易中都要实现货币财富的净流入是狭隘和错误的,政府在继续强调争取顺差、积累金银的同时,开始允许一些企业向外国输出资本,因为只要做到总的贸易收支是货币流入大于货币流出的,那么一个国家仍然能够实现所谓的"贸易平衡"。在贸易差额论的指导下,当时的英国、法国及德国等资本主义国家陆续开始实施货币限制、奖出限入及贸易垄断等政策,在鼓励输出货币的过程中获得了更多的输入货币,最终从其殖民地市场掠夺到了大量的财富,完成了西方资本主义的原始积累。

重商主义思想经过了从货币差额论到贸易差额论的发展,体现了早期研究者对国际贸易与经济发展相互关系的最初认识,也反映了商业资本在不同历史时期的影响与作用。事实上,亚当·斯密在研究重商主义时,已经对其进行了批判和反驳,并在其基础之上提出了后来的国际贸易绝对优势理论。

二、重商主义的政策体系

(一)限制金银货币的流出

既然金银货币代表了资本财富,那么政府必然制定政策来限制贵金属货币的跨国自由流动。按照重商主义的基本思想,货币政策的重点是严格管理货币的向外流出,具体表现为对国际贸易收支的严格管理,即只能有金银流入的顺差,不能有金银流出的逆差。例如,在历史上,英国、西班牙等国甚至制定了严苛的法律来惩罚将金银输出到国外的个人和企业。

(二)强化国际贸易的垄断

由于金银货币的主要来源是国际贸易顺差,实行重商主义的国家自然也要实行国际贸易的垄断政策,特别是当西方资本主义逐渐进入殖民主义时代之后,西欧各国不断强化对海外殖民地市场的贸易垄断,并利用国际贸易中原材料和制成品之间的价格"剪刀差",独占并持续掠夺了大量海外财富,从而形成了不断积累的"垄断顺差"。

(三)推行奖出限入的政策

重商主义与贸易保护主义可谓密切联系,主张重商主义的国家必然采取贸易保护政策。

奖出限入政策就是运用政策工具鼓励出口并限制进口的一般做法。具体而言,政府可以一方面通过采用出口退税、出口补贴及贸易奖励等政策手段尽可能地鼓励本国商品对外出口,另一方面又通过采用加征关税、进口配额及进口禁令等政策措施尽可能地限制外国商品向内进口。当然,限制进口的措施并没有绝对执行,对于生产性的设备原料和非生产性的消费品还是有所不同的。例如，历史上的英国就曾经颁布专门的法令来禁止国内个人和企业进口海外奢侈品，并以补贴进口原材料的方法来保护本国产业的生存与成长。

（四）促进本国航运的发展

国际货物运输是国际贸易的重要环节，人们很早就已经认识到国际航运对于一个国家发展贸易的关键作用。对于实行重商主义的国家而言，海上贸易的通畅与否更关系着货币财富能否持续流入这一核心问题，因而受到各个国家的高度重视，特别是随着世界地理大发现和新航线的不断开通，早期西方资本主义国家间的海上竞争也越发激烈起来。为此，在历史上，相应国家纷纷制定政策，既要限制外国承运人来经营本国的航运业务，又要鼓励本国承运人去积极拓展国际运输业务。例如，英国就曾经规定，有关英国的国际贸易运输必须使用英国公司的船舶。

（五）鼓励本国工业的成长

重商主义的主要观点是强调贸易顺差，顺差的前提是拥有大量畅销的外贸商品。当西方国家进入资本主义生产方式之后，工业品成了主要的出口商品。为此，各国政府以提高出口商品的国际竞争力为目标，制定了各种政策来发展工业。例如，针对工矿企业，政府可以发放低息贷款；针对技术工人，政府可以给予高薪待遇；针对机器设备，政府还可以免征关税等。可以说，后来的重商主义渐渐从单一的促进出口政策转向了更为多元化的鼓励工业成长政策。

综上所述，以上各项措施构成了重商主义思想的基本政策体系，虽然并不完美，但在历史上促进了西方资本主义生产方式的最终形成。

三、对重商主义的评述

重商主义是特定历史时期的理论探寻，它的历史局限性是不容置疑的。其经济思想的特点主要是强调了货币与财富的重要意义，其政策主张的特征是重视国家对经济贸易的主观干预。

有学者曾指出，重商主义是对西方封建主义经济思维的一次重大突破，人们从重商主义开始进行了围绕商业资本的世俗化的经济研究，并渐渐看清了从货币到商品再到货币的资本生产过程。就这一点而言，重商主义还是有一定的理论和实践价值的。然而，重商主义却存在着明显的瑕疵，例如，重商主义对社会财富的认知是片面的、错误的。金银、货币、资本及财富是一组既相互联系又相互区别的概念，决不能简单地画等号。同时，重商主义对于世界财富的认知也是静态的、固化的。事实上，后来的贸易理论已经证明，国际贸易并非零和博弈，世界财富完全可以在贸易中被创造、被增加。当然，诞生于数百年前的重商主义并没有消亡，甚至还在发展，后来还出现了"新重商主义"。其中的某些政策主张至今仍然存在并仍然具有一定的现实意义，特别是对于发展中国家而言，在面对如何提升工业产品的国际竞争优势、如何应对发达国家的贸易保护主义，以及如何保护本国的幼稚产业等难题时，重商主义仍然具有参考价值。

第二节　绝对优势理论

绝对优势理论产生于 17—18 世纪，是一种强调绝对成本优势的国际贸易理论。当时的欧洲经历了从英国到法国的资产阶级革命，资本主义的发展进入了全新的阶段。与此同时，人们对于经济贸易的观点也在不断进步，重商主义思想开始衰落，而自由贸易理论逐渐兴起。

绝对优势这一概念依然是由英国古典经济学家亚当·斯密在其《国富论》一书中提出的。以他为代表的学者认为，国际贸易产生的原因在于各国之间生产成本的价格差异。具体而言，对于某项商品，只有拥有较低绝对成本的国家才具有生产这项商品的绝对优势，也只有这类国家才可以出口该项商品；反之，一个国家若没有某项商品的绝对成本优势，则只能选择进口该类商品，而放弃生产与出口。按照这样的逻辑，世界各国都应该重新评估本国的生产成本与出口优势，并按照绝对优势进行国际分工。世界贸易的最优模式是各国仅仅出口本国的绝对优势商品，而进口绝对劣势商品，从而实现所谓的新的"自由贸易"格局。

一、绝对优势理论的内涵

重商主义思想仅仅强调了国际贸易的结果是要扩大顺差，并没有系统解释国际贸易产生的原因是什么。随着 17 世纪西欧各国的资本主义生产方式得到了巩固与发展，扩大贸易和自由贸易已迫在眉睫。此时，处于产业革命"前夜"的经济学家们开始思考，国际贸易的根本动因和条件是什么呢？为此，以亚当·斯密为代表的学者提出了绝对优势理论，他们不但批评了重商主义的故步自封，提倡了自由贸易的势不可挡，更概括出了国际贸易的基本原理——绝对成本学说。

按照绝对优势理论的观点，在国际贸易中，绝对成本带来了绝对优势，绝对优势创造了绝对利益，因此，参与国际贸易的国家应当充分认知本国的绝对成本，并凭借这一成本优势在国际贸易中实现获利。然而，绝对成本优势又从何而来呢？围绕这一问题，亚当·斯密等学者展开了一系列的研究，并重新解析了一条从自然禀赋到财富积累的绝对优势形成路径。

（一）财富积累来自发展生产

绝对优势理论并不认同重商主义的财富观，认为金银货币仅仅是社会财富的表现而非本质。所谓社会财富，是指社会劳动者通过生产活动所创造出来的有价值的劳动产品。一般而言，使用价值和交换价值是社会财富的两项基本特征。亚当·斯密认为，一个国家生产各类商品的能力是其能否长期富有的关键。只有当剩余商品的数量和质量能够满足跨国交换的需求时，国际贸易才能顺利开展。因此，以商品为代表的物质财富才是换取货币财富的基础，而生产商品的能力才是积累财富的源泉。

（二）发展生产来自劳动分工

一个国家生产能力的提高主要体现为劳动生产率的提高，而提高劳动生产率的最佳方法是进行劳动分工。在管理学中，劳动分工是组织生产的一种常用方法，科学合理的分工能够提高劳动生产者的熟练程度，从而节约生产过程中的时间成本、培训成本及转换成本等。亚当·斯密在其著作《国富论》中提出并阐述了劳动分工对于发展生产的重要价值，在他看来，劳动分工是人类从事生产和交换活动的自然倾向，分工的结果必然是对生产数量和生产效率的大幅提升。例如，在分工前，一名工人每日可生产 20 枚针，而分工后，平均每名工人每日可生产 4 800 枚针，劳动生产率发生了巨变。

（三）劳动分工来自自然禀赋

绝对优势理论将劳动分工上升为了国际分工，认为国家与国家之间也可以按照贸易商品的生产类型进行分工。从概念上讲，国际分工（international division of labor）是社会劳动分工的高级形式，它使得各国的生产活动更加密切地联系在一起，并最终成为世界市场形成并发展的重要特征之一。亚当·斯密指出，国际分工的基础是各国先天的自然禀赋或后天的要素获得。自然禀赋包括气候、土壤、物产、资源及地理条件等；要素获得则包括技术研发、设备引进及劳动力培养等。按照禀赋的具体情况，国际分工也有不同的类型，例如，按照禀赋的"有与无"，贸易国家可分为生产出口国和依赖进口国；按照禀赋的"多与少"，贸易国家可分为大量出口国和大量进口国；按照禀赋的"轻与重"，贸易国家可分为自由贸易国和垄断贸易国。需要指出的是，尽管后来的研究已经表明，禀赋论并不完全正确，但其在解释自然资源条件下的国际分工时仍然具有独特的说服力。因此，依据禀赋开展分工是各国参与国际贸易的最优选择。

（四）自然禀赋决定了绝对优势

自然禀赋赋予了一个国家生产某项商品的绝对成本优势。例如，拥有肥沃土地和良好自然环境的国家更有可能生产出品质优良的农产品；拥有大量熟练掌握生产技艺的手工劳动者的国家更有可能制造出价格低廉的纺织品。显而易见，这些有利条件可以使一国生产的商品成本更低、质量更高、数量更多，从而具备参与国际市场竞争的绝对优势。时至今日，由禀赋创造出优势的例子依然比比皆是，例如，泰国出口大米、俄罗斯出口石油、中国出口服装等。可以说，自然禀赋优势不仅提高了商品的生产条件，而且改善了商品的交换条件，更为国际贸易的进行提供了更优的可选择方案。

综上所述，绝对优势理论阐述了"财富—生产—分工—禀赋"这一国际贸易绝对优势的形成路径，将研究国际贸易的理论推向了更深层次。亚当·斯密在批评重商主义限制贸易政策的同时，在绝对优势理论中提倡了自由贸易政策。在他看来，如果世界上的每一个国家都能专注于生产并出口本国的绝对优势商品，而完全进口本国的绝对劣势商品，那么世界贸易的整体效果将会提高，各国人民的经济福利也会增加。

二、绝对优势理论分析

按照绝对优势理论的分析思路，我们首先做出如下假设。

（1）世界上有两个国家，假设为 A 国和 B 国。

（2）每个国家只生产两种商品，假设为工业品和农产品。

（3）生产投入只需一种要素，假设为劳动力，并且各国的劳动力无差异。

（4）生产要素在国内行业之间自由流动，但不能跨国流动。

（5）生产的商品可以在国家间自由贸易。

（6）假设国家间的运输成本、时间成本、中间环节费用等为零。

（7）假设生产技术和生产成本保持不变。

（8）不考虑外汇因素，假设为易货贸易。

三、对绝对优势理论的评述

相比于重商主义思想，绝对优势理论有了明显的进步，特别是对于劳动生产率和国际分工的阐述较好地解释了国际贸易的基本原理，有关自由贸易的政策主张更是对当时资本主义生产力的发展起到了推动作用。绝对优势理论不但解释了不同禀赋的国家如何通过分工和交换实现双赢的问题，而且描绘了一幅各个国家凭借各自优势在国际贸易中创造财富的美好景象。

然而，绝对优势理论依然存在着明显的局限性。例如，其将分工视为交换的发展倾向，从而忽略了分工早于交换这一生产关系发展的历史事实，因此是片面的、错误的，更有学者指出，绝对成本优势只是国际贸易中的一个特例，因为在现实中，能够引发国际贸易的优势既不是绝对的，也不是不变的。正如后来的比较优势理论是这样假设的：如果一个国家在各方面都处于绝对优势，而另一个国家在各方面则处于绝对劣势，那么，它们还有可能开展国际贸易吗？显然，绝对优势理论并不能回答，这一理论当然也就不能作为国际贸易的普遍规律。

第三节 比较优势理论

比较优势理论产生于 19 世纪，代表人物为英国经济学家大卫·李嘉图。他在《政治经济学及赋税原理》一书中指出，产生国际贸易的原因是各国生产技术的相对差别及相对成本优势，从而在改正绝对优势理论错误的同时，将针对国际贸易基本原理的研究推向一个新的高度。

一、比较优势理论的内涵

所谓比较优势（comparative advantage），是指在国际贸易中，劳动生产率既存在着国家间的差别，也存在着国内商品间的差异。在没有绝对优势的情况下，每个国家仍然可以按照"两利相权取其重，两弊相权取其轻"的原则，专注于生产和出口在本国国内拥有相对较高劳动生产率的商品，从而在国际竞争中发挥出比较优势。由于比较优势理论大大提高了国际分工与劳动生产率对于国际贸易的解释力，较为清晰地阐述了国际贸易的动因与基础，因而也被视为对绝对优势理论的一次重大创新。

大卫·李嘉图的比较优势理论其实是在亚当·斯密的绝对优势理论的基础上发展而来的。按照绝对优势理论，世界各国必须按照禀赋情况进行国际分工，一国的所有出口商品都要是绝对优势商品，而进口商品全部是绝对劣势商品。很显然，这样的观点是片面的，大卫·李嘉图意识到了这一点并重新进行了阐述，即各个国家只需生产那些利益相对较大、风险相对较小的商品即可获益，从而扩大了国际分工的范围、提高了国际贸易的可行性。

回顾历史，比较优势理论其实是 19 世纪英国资产阶级为争取自由贸易政策而进行的理论探索，1815—1846 年，英国政府为了保护地主阶级的经济利益，颁布并实施了著名的"谷物法"（corn laws）。此项法案强行限制谷物进口，导致出现国内农产品价格上涨、工人工资提高及企业利润下滑等不利情况。"谷物法"名为防止外国低廉谷物对国内市场的冲击，实则严重伤害了产业资本家及其企业的经济利益。因此，围绕"谷物法"的存废，英国工业资产阶级同地主阶级展开了斗争，他们急切需要找到一种支持自由贸易学说的理论依据。大卫·李嘉图的比较优势理论正是在这样的历史背景下提出的，并在这场斗争中成为国际贸易的普遍原理。在他看来，由于英国生产工业品的优势要明显高于生产农产品的优势，所以英国不仅可以大量进口外国农产品，还可以专门进行对工业品的生产。英国完全可以通过工业品出口来弥补农产品进口，这样既提高了总体产量，又获取了国际贸易中的"比较利益"。事实上，当"谷物法"在英国被最终废除时，产业资本代替了农业土地，贸易自由取代了贸易限制，英国资本主义的发展才真正打开了自由贸易的大门。

二、比较优势理论分析

与绝对优势理论类似，按照比较优势理论的分析思路，我们首先做出如下假设。

（1）世界上有两个国家，假设为 A 国和 B 国。

（2）每个国家只生产两种商品，假设为工业品和农产品。

（3）生产投入只需一种要素，假设为充分就业的劳动力，并且各国无差异，没有规模经济。

（4）生产要素在国内行业之间自由流动，但不能跨国流动。

（5）生产的商品可以在国家间自由贸易。

（6）假设国家间的运输成本、时间成本、中间环节费用等为零。

（7）假设生产技术和生产成本不变。

（8）不考虑外汇因素，假设为易货贸易。

（9）没有技术进步、资本积累及经济发展。

三、对比较优势理论的评述

相比于绝对优势理论，比较优势理论的解释力更具普遍性和实践性。这一理论揭示了比较成本这一客观规律，并触碰到了产生国际贸易的真正原因，在比较优势理论的引导下，处于不同经济发展水平的国家都可以参与国际分工并开展国际贸易，自由贸易的众多好处开始得到世界各国的认可和分享。

然而，比较优势理论并不完美，仍旧具有历史的片面性。第一，同绝对优势理论类似，比较优势理论也是建立在大量假设的基础之上的，这些假设描绘了一个过于简单、抽象且没有变化的世界，使得一切研究都是静态分析。如果考虑到从短期到长期利益变化、技术创新、知识学习及经验积累等因素，比较优势完全是动态的、变化的。后来的动态比较优势理论就对此进行了补充。第二，比较优势理论虽然解释了国际贸易产生的原因，但并没有阐述国际分工的成因。后来的学者就指出，国际分工与生产关系紧密相关。与简单分析成本优势相比，现实中的国际分工要复杂得多、困难得多。第三，比较优势理论对于国际贸易条件的研究显得不足。决定两个国家能否开展国际贸易的临界点到底是什么：大卫·李嘉图等并没有说明。甚至有学者发现，比较优势理论还存在着不能解释的特例，例如，"等优势或等劣势贸易模型"（equal advantage or equal disadvantage model）。当然，总体而言，比较优势理论作为国际贸易的核心理论是毋庸置疑的。今天，有关比较优势的探究还在继续，新的观点和实践也正在补充和发展这一经典理论。

第四节 保护贸易理论

保护贸易理论即幼稚产业保护理论（infant industry theory），这一理论的产生以 19 世纪的欧洲产业革命为背景，出发点是保护当时在欧美各国方兴未艾的资本主义新兴产业。所谓幼稚产业，是指那些刚刚兴办，虽然在短期内没有国际竞争力，但从长期看具有发展潜力的产业。保护贸易理论的最早提出者是美国财政部长亚历山大·汉密尔顿（Alexander Hanmilton），在经过后来的学者弗里德里希·李斯特（Friedrich List）的继续研究后，它成为影响世界贸易的重要政策理论。

一、汉密尔顿的经济思想

美国于 1776 年独立，那时的美国刚刚经历战争，工农业的发展情况相比于西欧各国还很落后，如何发展经济成为摆在美国政府面前的一道难题。当时的美国有两种选择：第一种是实行自由贸易政策，在国际分工中选择传统的低端产业，继续像独立前的英国殖民地一样向西欧各国出口原材料、农产品；第二种是推行保护贸易政策，在国际分工中培养更优的高端产业，重点保护和发展新兴的工业，从而减少甚至摆脱对西欧各国工业品的进口依赖。在当时的美国，北方工业资产阶级的产业能力还很微薄，而南方农业庄园主的产业已积累多年，第一种选择似乎更容易实现。然而，作为美国政府第一届财政部长的汉密尔顿却提出，美国必须要发展工业生产，并于 1791 年代表美国工业企业家向国会提交了著名的《关于制造业的报告》，从而拉开了美国政府干预国际贸易和保护幼稚产业的政策序幕。

汉密尔顿在对美国的经济、社会、地理及自然情况进行分析之后，得出结论：美国是一个工业基础薄弱、生产技术落后及生产成本较高的缺少绝对优势的国家，自由贸易理论并不适用于美国。美国一旦实行自由贸易政策，整个国家将会逐渐沦为工业落后的农业国，这不符合美国经济发展的长远战略。汉密尔顿进一步指出，一个国家想要实现工业化并非易事，特别是在工业化的早期阶段，想要营造良好的产业培育环境就必须排除外来的干扰，一国政府完全可以通过限制对外国同类商品的进口，达到封闭国内市场、保护国内幼稚产业的目的。

对于制造业，汉密尔顿也做出了阐述。在他看来，制造业是国民经济的重要产业，尽管当时美国的制造业还很弱小，但发展的前景十分美好。例如，发展制造业就会带动生产设备与工业技术的进步，这又会加速专业化分工并大幅提高劳动生产率；发展制造业需要消耗大量的原材料与中间产品，从而带动全产业链的形成与扩展；发展制造业还可以扩大就业人口的总体规模，这为美国进一步吸引移民、建设城镇带来了好处；发展制造业还能促进农业等其他行业的发展，使美国社会和个人都能从中获益。汉密尔顿将一个不但政治独立，而且经济独立的未来美国描绘了出来，并具体提出了实现这一愿望的"保护幼稚产业"政策措施，为美国经济的后来居上奠定了政策理论基础。

汉密尔顿在给国会的报告中提出了一系列的保护贸易措施，主要包括：第一，开征保护关税，利用关税措施抵消国外商品的价格优势；第二，对重要工业原材料进行贸易管制，限制出口并鼓励进口；第三，对机器设备，尤其是先进设备的贸易进行管制；第四，向工商企业提供政府贷款，促进工业企业的快速发展；第五，政府通过津贴、奖金等手段来刺激工业必需品的生产；第六，设置专门的商品检查制度和机构，保证工业产品的质量。就总体思路而言，其政策主张的核心是强化政府干涉。虽然这些措施并未被国会全部批准，但美国却从中获益匪浅，汉密尔顿的经济思想更是对后来的世界经贸发展产生了深远的影响。汉密尔顿是幼稚产业保护思想的早期提出者，他的思想是继重商主义之后的又一个和自由贸易理论相对立的理论思想，既印证了当时的西欧工业强国因在世界范围内推行自由贸易政策而遇到的阻力，又反映了一些经济发展相对落后的国家对于发展本国产业或民族工业的要求和愿望。可以说，这一思想代表了国际贸易理论发展的两面性、矛盾性。然而，汉密尔顿的保护贸易学说主要体现在其递交给国会的报告之中，其理论基础较为薄弱，逻辑体系也不够完善，尚且存在着一定的不足。后来，诸如李斯特等学者通过继续研究，补充并完善了这一经济理论，逐渐形成了更为完整和系统的幼稚产业保护理论。

二、李斯特的系统阐述

在汉密尔顿提出保护贸易思想近50年后，德国经济学家李斯特在他的著作《政治经济学的国民体系》一书中进一步对幼稚产业保护理论进行了系统论述，并提出了更多、更具体的政策措施。纵观李斯特的人生经历及其学术生涯，可谓波澜起伏、大器晚成，特别是当他旅居美国之后，所见所闻令他有所反思。在他从赞成自由贸易向主张保护贸易的转变过程中，汉密尔顿的经济思想对他的影响很大。类似美国、德国这样的大量出口工业原材料并进口工业制成品的国家，如何才能找到一条自主工业化的快速道路？保护幼稚产业成了当时唯一的可行途径。

（一）经济发展阶段学说

李斯特在系统阐述幼稚产业保护理论之前，提出了"经济发展阶段学说"，认为一个国家的贸易制度一定要和国家的发展阶段相适应。具体而言，一个国家在经济社会发展的第一阶段，应当实行自由贸易政策，从而在国际贸易中向先进国家学习生产技术和管理手段，重点发展农业；在经济社会发展的第二阶段，应当实行商业限制等保护贸易政策，保护并培育新兴产业，重点发展制造业、运输业和国际贸易等；在经济社会发展的第三阶段，再次实行自由贸易政策，将已成熟的工农业商品推向世界市场，凭借对财富与资本的积累在国际竞争中赢得有利地位，使得各个行业全面发展。结合当时的世界状况，李斯特指出，西班牙和葡萄牙处于第一阶段，德国和美国处于第二阶段，而英国已经处于第三阶段。除了三阶段论，李斯特还提出过五阶段论，即原始未开化时期、畜牧时期、农业时期、农工业时期和农工商业时期五个阶段。类似地，自由贸易政策只适用于前面的初级阶段和最后的最高阶段，因为在这些阶段，国际竞争对国内经济的危害不大。而在中间的农工业时期，国家正处于经济加速发展与转型的关键时期，此时利用保护贸易政策来防御国际竞争的效果最佳，对于各项幼稚产业培育的促进作用也最为明显。一个国家应当根据自身经济发展的状况来合理选择自由贸易政策和保护贸易政策的适用范围，从而使国家的干预能够最有利于经济社会的全面发展。可以说，经济发展阶段学说清晰地解释了保护贸易政策的作用过程，进一步奠定了幼稚产业保护理论的思想基础。

（二）保护贸易政策具有灵活性

李斯特的保护贸易政策并非无条件的绝对保护，在他看来，政策只是国家管理经济的一种手段而绝非最终目的。李斯特并不否定比较优势理论的普遍性和正确性，他在承认一国能够在国际分工和自由贸易中获利的同时，对贸易所涉及的产业或商品进一步加以区分。有的产业适用自由贸易政策，如一般的农业、工业，需要自由地进口重要原材料和机器设备；而有的产业却不行，如纺织业等关系国计民生的工业产业和新兴产业。另外，关于保护贸易政策的时间，李斯特也做出了规定，最佳的情况是当国内产业具备国际竞争力了，即国内商品的出口价格低于或等于同类商品的进口价格时，保护政策即可终止。最坏的情况是国内产业的发展在保护政策下仍然长期停滞，则可放弃保护，保护政策也可终止。他还进一步指出，保护贸易政策是一把双刃剑，运用得好可以发展产业，运用得不好则会破坏产业，例如，保护性关税措施，如果长期实行而不调整，不但限制了国内外企业的相互学习与竞争，更会滋生企业在技术改良、加大生产及营销创新等方面的发展惰性。

（三）主张国家管理经济并发展生产力

在比较优势理论中，自由贸易使得各个国家专注于生产与出口具有禀赋优势的商品，同时大量进口价格相对更低的外国商品。在李斯特看来，这种机械而静态的分析模式并不正确，因为它对国际贸易和国际分工原因的描述是天生的和被动的。李斯特进一步指出，一个国家生产财富的能力远比财富本身要重要。具体而言，一个国家工业生产力的强弱代表了这个国家综合国力的强弱，是这个国家经济崛起的关键动力。

从短期来看，进口外国廉价商品似乎有利可图，在其背后却是对国内相关产业的忽视和放弃。从长期来看，保护幼稚产业表面上维护了商品的高成本、高价格，但是对新增生产力的形成和发展却有着重要作用。因此，发展生产力应被视为一个国家的战略目标。与此同时，一国政府在发展生产力的过程中也扮演了重要角色，因为政府是特殊的保护贸易政策的制定者和执行者。李斯特赞同国家对于经济贸易的主观干预，认为好的政策不仅能使个人和企业增加收益，更能使社会整体利益有所增加，从而将宏观层面的国家发展与微观层面的个人发展更加合理地联系了起来。后来的实践也证明，国家管理经济并发展生产力的做法对于落后国家的工业化发展十分有效。

李斯特也提出了一系列保护幼稚产业的具体政策措施，主要包括：第一，确定保护贸易政策的适用对象和保护目的，如哪些产业是本国的幼稚产业、保护政策的实施步骤及对国内竞争的影响等；第二，选择保护贸易政策的具体方法，如关税措施如何应用等；第三，区分保护贸易政策的实施程度，例如，对贸易产品按照不同类型进行不同程度的管理等。总之，这一政策理论体系的形成标志着保护贸易理论的完整确立。从历史的角度来看，这些政策措施的出现不仅代表了国际贸易在理论层面的再次发展，在实践层面更反映了像德国、美国这样的工业落后国家力图追赶英国等工业强国的愿望与行动。

三、对保护贸易理论的简单评述

从汉密尔顿到李斯特，保护贸易理论完成了从提出到系统化的发展过程，并在整个国际贸易理论的发展史上确立了具有里程碑意义的重要地位。一个国家的经济发展不仅具有阶段性，而且具有潜在性，保护幼稚产业的实质就是保护并发展尚且弱小的生产力，一国政府完全可以通过保护贸易政策有目标、有条件、有计划、有办法地逐渐改变自身的经济发展阶段，并最终在国际分工中发挥后发优势。纵观世界经济的发展史，德国和美国正是通过实行保护贸易政策成功超越了英国，相继进入具备发达工业实力的资本主义强国行列。在进入 20 世纪之后，又有大量发展中国家继续推行幼稚产业保护政策，并纷纷取得了经济发展、产业进步和社会繁荣的良好成就。可以说，保护贸易理论对世界贸易和各国经济的发展是有历史贡献的。当然，也有学者在后续研究中指出了保护贸易理论的种种缺点，例如，效率问题、反作用问题等。最为特殊的一种情况是，如果实行保护贸易政策的结果导致了幼稚产业的发展停滞甚至倒退，那产生问题的原因究竟是对幼稚产业的认定不恰当，还是制定与执行政策出现了问题，这一理论并不能自圆其说。换言之，一项产业获取国际竞争力的来源究竟是什么？是不是所有幼稚产业都可以通过一段时间的"暂时性"保护而成长起来？保护贸易理论并没有回答。因此，对于保护贸易理论的理解与应用，各个国家还是要根据自身情况来综合考虑，保护贸易政策的作用仍然是有限的。

第五节 要素禀赋理论

要素禀赋理论（factor proportion theory）又被称为赫克歇尔 – 俄林理论（heckscher–ohlin theory），是一种关于要素禀赋差异的国际贸易解释理论。这一理论由瑞典经济学家赫克歇尔于1919年首创，之后由其学生俄林于1933年在著作《地区间贸易与国际贸易》中进一步完善。到20世纪40—50年代，美国经济学家萨缪尔森又通过提出要素价格均等化定理等研究进一步发展了这一理论，使其更加完善和具有说服力。在他们看来，一国的生产要素禀赋决定了该国参与国际贸易竞争的比较优势，即生产商品的资本、土地及劳动力等要素的差异与配置才是引起国际贸易的主要因素。两个国家之间只要存在生产要素差异或产品价格差异，国际贸易就会产生并发展，直至这种差异彻底消失为止。按照这一理论逻辑，各个国家应该首先分析自身的要素禀赋特征，而后在国际贸易中主要出口那些由本国相对充裕的生产要素所生产的商品，进口那些由本国相对缺少的生产要素所生产的商品。这一策略所带来的好处会一直持续到各国生产要素的价格差异趋于均等时。由于重新论述了国际贸易理论的格局、条件及利益问题，发展了古典国际贸易理论的假设前提与解析方法，因而要素禀赋理论也被称为新古典国际贸易理论。

一、要素禀赋理论的内容

要素禀赋理论由要素比例学说（eactor proportions theory）和要素价格均等化理论（factor–price equalization theory）两个部分组成。前者立足于对价格体系的理论分析，以生产要素的丰缺程度来解释国际贸易的原因和类型。后者则着眼于数学推导，探讨了国际贸易对于要素价格的反作用，认为国际贸易必将促使各国生产要素的价格和进出口商品的价格趋于均等化。

要素禀赋理论指出，生产要素（factor of production）是影响国际贸易的重要原因。从经济学的角度定义，生产要素是指在各项生产活动当中必须投入或使用的资源因素。常见的生产要素包括劳动力、土地、资本、技术、信息及人的管理才能等。同时，生产要素还具有价值性、流动性及周期性等特征。要素价格（factor price）是生产要素在社会生产经营活动中的货币价值表现，例如，劳动力的价格是工资，土地的使用费用是租金，资本的回报是利息，管理的收益是利润等。国际贸易实质上是各国生产要素及其价格体系的一种互动表现，货物的跨国流动促进了生产要素的国际流动，而贸易的最终结果是使世界范围内的资源配置达到最优化。

生产要素对于国际贸易的作用主要体现为两个方面：一方面是要素禀赋；另一方面是要素比例。

在要素禀赋方面，一个国家各类生产要素的数量不尽相同，有的国家丰富，有的国家匮乏。于是，人们就用要素丰裕度（factor abundance）这一概念来衡量一个国家某种生产要素的多与少。要素禀赋是否丰裕，又有两种衡量方法：一种是总量衡量法，即某一生产要素在一个国家的供给比例越高，则越丰裕；另一种则是价格衡量法，即某一生产要素在一个国家的相对价格越低，则越丰富。一般认为，总量衡量法只考虑了供给因素，因而比较简单，而价格衡量法涉及了供给与需求两个角度，因而更为合理。实践证明，一个国家的产业状况与其要素禀赋密切相关，要素禀赋还进一步决定了一个国家国际贸易的主要模式。例如，英国、法国等西欧工业发达国家往往凭借其丰裕的资本要素生产和出口工业品，这些国家的制造业占比很高；而印度尼西亚、泰国等东南亚国家常常依靠其丰裕的资源要素生产和出口工业原材料，这些国家的初级产业占比较高。要素禀赋概念既符合比较优势理论的观点，又进一步加强了对现实问题的解释力，因而更趋成熟。

在要素比例方面，这一比例也被称为要素密集度（factor intensity），是指在生产某种产品时所投入的各类生产要素的比例大小。对于一种生产要素而言，此项比例越大则密集度越高，反之越低。由此可将国际贸易的产业或商品划分为劳动密集型、土地密集型、资本密集型、技术密集型及资源密集型等不同类型。例如，纺织业所需的劳动力数量较多，属于劳动密集型产业；农业生产需要大面积的耕地，属于土地密集型产业；航空业需要购进大量价格昂贵的飞机，属于资本密集型产业；智能机器人产业需要大量先进技术和创新知识，属于技术密集型产业；而原油、天然气及矿产开采业依托于自然资源，属于资源密集型产业。需要注意的是，要素密集度只是一个暂时的相对概念，随着生产技术的进步、管理理念的更新和劳动力素质的提升，不同密集度类型的产业及其产品会相互转换。这种现象的背后伴随着生产要素价格的不断变化。

俄林等学者进一步指出，国际分工与国际贸易必然导致生产要素价格的差异逐渐缩小并最终均等。在开放经济环境中，生产要素的跨国流动会导致其价格的直接均等化，同时，国际贸易中的商品交换也会引起生产要素价格的间接均等化。由萨缪尔森提出的价格均等化定理更是对此观点进行了严谨的数学推导。简单来说，在进行国际贸易之前，两国商品的比较成本优势来自本国要素禀赋的差别，即某一生产要素越丰裕，则密集使用该要素所生产的产品价格越低。在开展国际贸易之后，随着本国低价产品的大量出口和外国低价产品的大量进口，出口行业中密集使用的低价生产要素的报酬会逐渐提高，而进口行业中密集使用的高价生产要素的报酬会逐渐减少，从而在一段时间后，各国之间的生产要素价格达到均等。

要素禀赋理论得出一个结论，一个国家开展国际贸易的最佳选择是生产和出口那些密集使用本国丰裕要素的商品，因为这类商品的价格更低，优势更大；同时，进口那些密集使用本国稀缺要素的商品，因为这类商品的国内价格较高，处于劣势。国际贸易其实就是各国在依托各自的禀赋优势进行国际分工后所进行的廉价商品的交换过程。

二、里昂惕夫之谜

在第二次世界大战结束后，世界经济与贸易形势发生了很大改变。在科技进步和经济全球化的背景下，世界各国之间的国际贸易与国际投资飞速增长，大量新现象、新问题不断出现，以要素禀赋理论为代表的传统国际贸易理论的解释力不断受到挑战，现代国际贸易理论研究由此进入了一个全新的阶段。

里昂惕夫之谜也被称为里昂惕夫悖论（the leontief paradox），是美国经济学家里昂惕夫（V.W.Leontief）提出的一项理论。1953 年，里昂惕夫在费城的美国哲学协会上宣读了他的论文《国内生产与国际贸易：美国资本状况的重新检验》，从而拉开了围绕比较优势理论与要素禀赋理论的激烈讨论。众所周知，按照要素禀赋理论，当时的美国工业基础扎实、商业资本雄厚，理应在国际分工中占据高端位置。在国际贸易中，美国应当发挥比较优势，出口资本密集型商品，同时进口劳动密集型商品。然而，里昂惕夫在选择 1947 年美国的 200 个行业资料进行研究后，以充分的调查研究数据为支撑，得出一个惊人的结论：美国在国际贸易中大量出口的是劳动密集型商品，而大量进口的是资本密集型商品。这一违背要素禀赋理论的事实就被称为里昂惕夫之谜，并被视为现代国际贸易理论研究的重要转折点。

那么，美国为什么会出口大量使用国内稀缺要素的商品而进口大量使用国内丰裕要素的商品呢？里昂惕夫后来也做出了解释。事实上，这一悖论并没有违背要素禀赋理论，只是在对生产要素丰裕或稀缺的判断上出现了问题，在里昂惕夫看来，由于美国劳动力的生产效率比其他国家要高很多，所以在衡量美国的劳动力要素时，不仅要考虑数量因素，还要考虑质量因素。这样一来，美国就成了一个劳动力资源丰富、资本相对稀缺的国家，进出口商品的要素密集度差异就并不矛盾了。这一解释即后来的劳动熟练说（skilled labor theory）。除此之外，其他学者也对里昂惕夫之谜做出了不同解释，最具代表性的有自然资源说（natural resources theory）、贸易壁垒说 trade barriers theory）、人力资本说（human capital theory）、技术差距说（theory of technological gap）、产品周期说（theory of product cycle）、需求偏好相似说（theory of demand preference similarity）及产业内贸易说（intraindustry trade theory）等。

总之，里昂惕夫之谜是对要素禀赋理论的一次大挑战。除悖论本身的理论价值之外，围绕解答这一"谜题"而引发的一系列理论研究更是有力地推动了现代国际贸易与国际分工理论的大发展。也是从里昂惕夫开始，经济理论、数学方法和统计工具相结合的研究模式渐渐兴起，经济学研究走向了真正意义上的理论与实际相结合。后续研究也进一步弥补了传统贸易理论的不足，为我们今天更好地理解要素禀赋理论提供了帮助。

三、对要素禀赋理论的简单评述

赫克歇尔、俄林的要素禀赋理论和萨缪尔森的要素价格均等化学说是继国际贸易比较优势理论之后的又一次进步，被视为现代国际贸易理论的基础和开端。要素禀赋理论从进出口商品的价格差异深入到了生产要素的价格差别，从而进一步论证了国际贸易产生的原因是不同国家之间要素禀赋的差异。要素禀赋理论从生产要素的数量与种类扩展到了生产要素的丰裕程度，从而进一步揭示了开展国际贸易的条件是商品价格比例中的比较优势。要素禀赋理论从生产要素的国际流动联想到外贸商品的国际流动，从而进一步表明了国际贸易的重要作用是实现对世界资源的有效配置。可以说，要素禀赋理论在继承古典贸易理论的同时，发展并创新了相应观点，使其成为了一种理论性与实用性都更强的国际贸易理论。当然，任何理论都有一定的局限性，要素禀赋理论也不例外。其一，对于生产要素的观点存在问题。以马克思为代表的政治经济学反驳了要素禀赋理论中关于劳动、资本和土地的要素组合观点，认为只有劳动者的劳动才是创造价值的唯一来源。由于要素禀赋研究的结论忽略了劳动收入和财产收入的根本区别，因而被视为一种掩盖了资本家和地主对劳动者进行剥削的资产阶级贸易理论。其二，对于科学技术的作用不够重视。自17世纪以来，科学技术呈现出了加速发展的趋势，国际贸易与国际分工深受科技进步的影响，以至于世界经济与贸易格局每隔数十年就有一次较大的调整，而要素禀赋理论依然采用静态的分析方法，从而忽视了各国要素禀赋的动态变化，这必然导致其解释力的逐渐下降和"里昂惕夫之谜"的不断出现。其三，要素价格均等化理论难以真正实现，世界贸易的具体情况表明，贸易商品的价格成因非常复杂，类似贸易壁垒、技术条件及各国的其他贸易政策等因素都有可能影响贸易商品的价格，因而所谓的商品价格和要素价格的最终均等化是很难实现的。这一观点因过于理想化而并不完全符合世界贸易的实际。

第二章　国际贸易政策

纵观世界经济发展的历史，任何一个国家进入国际市场的基本目的都在于谋求增进本国的绝对财富，促进国内经济增长。然而，这种国与国之间的贸易交往却像把"双刃剑"，它在为一国国民经济带来利益的同时，也对该国的经济造成一定的冲击。因此，各个国家都把制定一个符合本国发展需要的贸易政策当作是整个经济发展战略中最为重要的组成部分，增强其国际竞争力，在国际贸易中以最小的代价换取最大的利益。

第一节　国际贸易政策概述

一、国际贸易政策的目的和构成

（一）国际贸易政策的目的

国际贸易政策是各国在一定时期内对进口贸易和出口贸易所实行的政策，是各国总的经济政策的组成部分，是为各国经济基础和对外政策服务的，它从总体上规定了该国国际贸易活动的指导方针和原则。不同的国家国际贸易政策不尽相同，但均以本国国情为基础制定。各国制定国际贸易政策的目的在于：第一，保护本国市场；第二，扩大本国产品的出口市场；第三，促进本国产业结构的优化；第四，提高本国产品的竞争力；第五，积累资本资金；第六，促进本国经济发展；第七，维护本国对外政治经济关系。

（二）国际贸易政策的构成

不同的政治及经济现状决定不同的国家有不同的具体国际贸易政策的体现，但从构成上看基本上是相似的，都主要由国际贸易总政策、进出口商品政策和国际贸易国别政策构成。

1. 国际贸易总政策

国际贸易总政策包括进口总政策和出口总政策。它是从国民经济的整体情况出发，在一个较长的时期内实行的国际贸易总的原则、方针和策略，即一国在总体上采取的是相对自由的贸易政策还是保护贸易政策。它通常与一国的经济发展战略相联系。例如，十一届三中全会以前，根据当时的国内外条件，我国执行的是国家管制下内向型的保护贸易政策；十一届三中全会以后，在对外开放的总体方针指导下，我国的国际贸易总政策转变为开放型的适度保护政策。

2. 进出口商品政策

它是根据国际贸易总政策和经济结构、国内市场状况等分别制定的政策。其基本原则是对不同的进出口商品实行不同的政策，主要体现在关税税率、计税价格和清关手续等方面的差异。

3. 国际贸易国别政策

它是根据国际贸易总政策，依据对外政治和经济关系的需要制定的对不同国家或地区实行区别对待的政策。对不同国家或地区规定差别关税税率和差别优惠待遇是各国国际贸易国别政策的基本做法。如欧共体向参加洛美协定的非洲、加勒比和太平洋地区的发展中国家单方面提供的特惠税，就属于欧共体的国际贸易国别政策的范畴。

实际上，国际贸易政策的三个方面的内容是相互交织在一起的。如进出口商品政策和国际贸易国别政策都离不开国际贸易总政策的指导，而国际贸易总政策也只有通过具体的进出口商品政策和国际贸易国别政策才能体现出来。

二、国际贸易政策的类型和演变

（一）国际贸易政策的类型

从国际贸易产生和发展的实践来看，国际贸易政策主要有两种基本类型，即自由贸易政策和保护贸易政策。

1. 自由贸易政策

自由贸易政策是指国家取消进出口贸易的限制和障碍，取消对本国进出口商品的各种特权和待遇，使商品能自由进出口，在国内外市场上自由竞争。自由贸易政策实质上是一种"不干预"政策，即中性政策。

2. 保护贸易政策

保护贸易政策是指国家广泛采取各种限制进口的措施，保护本国产品免受外国商品的竞争，并对本国出口商品给予优待和补贴以鼓励商品出口。保护贸易政策以加强本国民族利益为目的，其实质是"奖出限入"。

事实上，纯粹的自由贸易政策和保护贸易政策是不存在的。一方面，一国实行自由贸易政策，并不意味着完全的自由，西方发达国家在标榜自由贸易的同时，总是或多或少，或明或暗地对某些产业进行保护，自由贸易口号往往成为其向他国进攻的武器，即要求别国能够实行自由贸易。一般来说，只有贸易双方都同意开放市场，自由贸易政策才能付诸实施。另一方面，实行保护贸易政策并不意味着完全封闭，不与别国开展贸易，而是对某些商品的保护程度高一些，对某些商品的保护程度低一些，在保护国内生产者的同时维护世界市场的某种联系。实际上，各国的贸易政策总表现为自由贸易政策和保护贸易政策某种程度的融合，只不过在倾向上有所不同而已。

（二）国际贸易政策的演变

不同的国家在不同的时期所采取的国际贸易政策有所不同。纵观国际贸易的发展，国际贸易政策的演变过程如下。

在资本主义生产方式准备时期，为了促进资本原始积累，西欧各国实行重商主义下的强制性的保护贸易政策，通过限制货币（贵重金属）的输出和扩大贸易顺差的办法扩大积累财富，在英国实行得最为彻底。

在资本主义自由竞争时期，资本主义生产方式占据统治地位。产业革命从英国向欧洲大陆和美洲大陆扩展，使世界市场的商品大量增加，世界经济进入了商品经济国际化阶段。这个时期国际贸易政策的主流是自由贸易，英国是带头实行自由贸易政策的国家。但是由于各国工业发展水平不同，一些经济发展起步较晚的国家，如美国、德国等则在该时期推行保护贸易政策。

19世纪70年代到第二次世界大战前，垄断的加强使资本输出占统治地位，1929—1933年的世界经济大危机，使市场问题急剧恶化，出现了超保护贸易政策。第二次世界大战后，随着生产和资本国际化的发展，出现了世界范围的贸易自由化。政治独立的发展中国家大部分实行贸易保护主义，只有小部分国家推行自由贸易政策，苏联和新建成的社会主义国家实行国家统一制度下的贸易保护主义政策。随着社会主义经济的起步和发展，相继向自由贸易政策发展。20世纪70年代中期以后，在世界贸易自由化的同时，出现了以新贸易保护主义为基调的管理贸易政策。其主要内容是，国家对内制定各种对外经济贸易法规和条件，加强对本国进出口贸易的有序管理；通过对外协商，签订各种对外经济贸易协定，以协调和发展缔约国间的经济贸易关系。

三、国际贸易政策的制定和执行

（一）制定国际贸易政策应考虑的因素

一国的国际贸易政策是该国政治经济外交政策的重要组成部分。一国通过国际贸易政策影响其国际贸易规模、结构、流向和利益分割，既要体现该国的政治外交原则，又要维护本国的经济贸易利益。因此，一国在制定具体的国际贸易政策时，需要考虑下列因素。

1.国内外经济实力对比

一般来说，经济比较发达、国际竞争力较强的国家，比较倾向于自由贸易政策，主张在世界范围内进行自由竞争与合作；反之，则倾向于保护贸易政策。一国国际竞争力相对地位的变化，也会影响一国贸易对政策的选择。

2. 本国经济结构与比较优势

一般来说，对本国具有比较优势和在国际市场上具有一定竞争力的产业部门，相对会采取自由贸易政策；而对本国的劣势的战略产业，则会偏重于采取保护贸易政策。

3. 本国产品在国际市场上的竞争力

本国产品在国际市场上的竞争力相对较强的国家，往往主张在世界范围内推行自由贸易政策；而竞争力相对较弱的国家，则较多考虑采用保护贸易政策。

4. 本国与他国的经济合作情况

一国对与其在经济、投资等方面合作程度较深的国家，往往比较倾向于自由贸易政策；而对经济往来较少、经济合作程度欠佳的国家，往往会比较谨慎，较多考虑相对保护的贸易政策。

5. 政治与外交需要

有时，一国为了配合政治与外交的需要，会对某些国家在一定时期内采取相对自由的或相对保护的贸易政策。

6. 本国国内市场的商品供求状况

如国内市场上商品供大于求，应采取适当的保护政策来限制过量进口，以保护国内企业的生产；反之，如市场商品供不应求，则可采取相对自由的贸易政策，适当增加国外商品进口，以弥补国内商品市场的短缺。

7. 本国的国际收支状况

如果本国的国际收支出现大量逆差，政府当局往往更多地考虑采用贸易保护的措施；反之，则更多地倾向于实行贸易自由化。

8. 本国在多边或双边协议中的权利和义务

各国在制定国际贸易政策时，还须考虑本国在多边或双边协议中所享受的权利和应尽的义务，遵守公约。这也是影响当今各国国际贸易政策制定的重要因素。

9. 本国生态平衡和文化遗产的保留情况

某国出于对本国生态平衡和文化遗产的保留考虑，往往会对某些产品或产业采用相应的保护贸易政策。

10. 各国领导人的思想和贸易理论

政府领导人的不同，其所持的政策主张往往也不同，所奉行的国际贸易政策也有别。因此，各国政府领导人的思想和贸易理论也是影响各国国际贸易政策制定的不可忽视的因素。

总之，一国制定什么样的国际贸易政策，取决于本国的具体国情和国际环境，但各国都应把既要积极参与国际贸易分工，又要把获取贸易分工利益的代价降低到最低程度作为制定国际贸易政策的基本出发点。

（二）国际贸易政策的制定

各国国际贸易政策的制定与修改，由最高立法机关进行。最高立法机关颁布的各项国际贸易政策，既包括一国较长时期内国际贸易政策的总方针和基本原则，又包括某些主要措施以及给予行政机构的特定权限。立法机构在制定和修改国际贸易政策时，事先要征询各个经济集团的意见，如企业、垄断集团等各大企业。垄断集团也经常通过企业联合会、商会等各种机构向政府提出各项建议，甚至参与制定或修改有关国际贸易政策的法律草案。

（三）国际贸易政策的执行

国际贸易政策的具体实施由行政机构负责。政府部门根据有关法令来制定具体的实施细则，主要有以下几种方式。

（1）通过海关对进出口贸易进行管理。海关是设置在对外开放口岸的进出口监督管理机关，是国家行政机关，它通过货运监管、征收关税、查禁走私等职能来贯彻落实国际贸易政策。

（2）国家广泛设立各种机构，负责促进出口和管理进口。如美国的商务部、扩大出口全国委员会、出口委员会等，其他国家也有类似的组织。

（3）国家出面参与各种国际经济贸易政策制定、关税协调等方面的工作，目的在于使本国的国际贸易政策得以贯彻落实。

第二节　保护贸易政策

保护贸易政策是一国政府对贸易活动进行干预的贸易政策。政府通过对贸易活动的干预，以限制流入，鼓励出口，取得国际贸易利益。在不同时期，保护贸易政策的内容和特点也有所不同。

一、重商主义的贸易政策

重商主义是资本主义生产方式准备时期代表商业资本利益的经济思想和政策体系，它起始于 15 世纪，全盛于 16—17 世纪，18 世纪趋于衰落。其观点是，只有金银货币才是财富，国际贸易是获取财富的源泉。为了积累国内财富，重金主义者主张国家必须干预国际贸易。重商主义经历了两个发展时期，即早期重商主义和晚期重商主义，早期重商主义流行于 15—16 世纪，晚期重商主义流行于 16 世纪上半叶至 17 世纪中叶。

早期重商主义又叫作重金主义。重金主义主张绝对禁止贵重金属（黄金）外流，由国家严加防范，并进行垄断占有，外国与本国进行贸易时必须将销售货物的收入全部用于购买本国的货物，反对一切进口交易。重金主义学说的主要代表人物是英国人威廉·斯塔福，其观点的核心是防止货币外流。

晚期重商主义又称为贸易差额论。晚期重商主义的主要代表人物是托马斯·孟。他的主要著作是《英国得自国际贸易的财富》，被后人称为重商主义的圣经。他的主要观点是货币产生贸易，贸易增加货币，但必须遵循每年进出口要保持顺差，以增加货币的流入量，因此被称为"贸易差额论"或真正的重商主义。晚期重商主义政策的内容主要体现在以下几个方面：一是限制输入政策，主要有：① 禁止若干国外商品，尤其是奢侈品的进口；② 课征保护关税，限制国外商品的进口。二是促进出口的措施，主要有：① 对本国商品的出口给予津贴；② 出口退税；③ 禁止主要原料出口，鼓励来料加工；④ 降低或免除关税；⑤ 实行独占性殖民地政策，在独占的殖民地垄断贸易与海运，使殖民地成为本国制成品的销售市场和原料供给地。其他措施还有：① 保护农业，例如制定了"谷物法"，限制谷物进口；② 鼓励外国技工移入，限制本国技工外流，通过了"职工法"；③ 1651 年英国通过重要的航海法案，规定一切输往英国的货物必须用英国船载运或原出口国船只装运，对亚洲、非洲及北美洲的贸易必须利用英国或殖民地的船只；④ 奖励人口繁殖，增加劳动力来源，降低劳动力成本。重商主义的政策和理论在历史上起过一定的进步作用，它冲破封建思想的束缚，第一次对资本主义进行了理论分析；重商主义的推行促进了资本主义的原始积累，推动了资本主义生产方式的确定和发展。但它对社会经济的探索只局限于流通领域，而未深入生产领域，因而其经济理论是不科学的。

二、保护幼稚工业的贸易政策

19 世纪资本主义自由竞争时期，产业革命在英国、法国等国家得到深入发展，而起步较晚的德国、美国等国家为了减少进口，保护本国成长中的资本主义工业，先后推行了保护贸易政策。在保护贸易理论方面，李斯特的保护幼稚工业理论具有代表性。

李斯特是德国人，后移居美国。1832 年，他以美国领事的身份返回德国，之后留在德国，呼吁采取保护政策抵抗英国。他在代表作《政治经济学的国民体系》中提出了保护幼稚工业理论。李斯特认为古典学派的"比较成本说"的自由贸易观点存在错误。因为按比较成本原理购买国外的廉价产品，虽然表面上看起来有利可图，但实际上却影响了本国该产业的发展，从而会长期处于落后且从属于外国的地位。而如果放弃这种短期利益，对这种幼稚工业实行保护政策，虽然一开始该产品的价格会上升，但经过一段时期，不但本国的产业可以得到充分发展，而且生产力提高后，该商品的价格也会下跌，甚至会低于外国的进口价格。李斯特认为："财富的生产力比财富本身，不晓得要重要多少倍。"在李斯特的影响下，通过保护政策的扶持，德国经济在短期内有了迅速的发展，终于赶上了英国。

李斯特按照生产力进化程度把国家经济发展分为五个阶段：原始未开化时期、畜牧时期、农业时期、农工业时期和农工商业时期。根据他的定义，前三个阶段属于经济发展的初级阶段，生产力水平很低。农工商业时期劳动生产力发展到了相当高的程度，进入了现代化社会。农工业时期则是由落后的畜牧业、农业社会向先进的工业社会过渡的时期。李斯特认为，在这五个历史阶段中，自由贸易政策适用于四个半阶段，只有在农工业时期的后期需要强调贸易保护政策。他说："在一个国家的经济由未开化转入畜牧、农业以及农工业时期的初期发展阶段，同先进城市或国家进行自由贸易是大有好处的。因为这可以通过自由贸易为其农产品、畜牧产品谋得出路，并用它们交换回工业品。在一个国家的经济发展进入农工商业时期以后，实行自由贸易也是可取的。因为这样可以在国内外市场进行无所限制的竞争，使从事农工商业的人们在精神上不至于松懈，并且可以鼓励他们不断努力保持既得的优势地位。"

在李斯特强调贸易保护政策的农工业时期的后期，他对需要保护的部门也有着非常严格的定义。李斯特把自由贸易分为两类：国内贸易和国际贸易。他认为国内贸易和国际贸易的性质完全不同。他充分肯定了促进国内自由贸易对发展经济的重要意义，认为在绝大多数情况下，国内自由贸易都是有益的，必须大力提倡。

当一个国家的经济发展进入农工业时期的后期，出现了一批新兴工业，这些工业很适合这个国家的资源禀赋，具有良好的发展前途。但是在这个领域中还有一些工业更为先进的国家，经济发展已经达到较高的程度，在产品质量、成本上都占有明显的优势。如果不实行保护关税制度，新兴工业产品就无法参与竞争，外国商品将会充斥国内市场，这种工业就不可能在这个国家发展起来。

李斯特认为，完全的自由国际贸易只有在两个国家的科学技术、工业发展程度都差不多的情况下才可能实现。在这种情况下，自由国际贸易可以促使彼此自由竞争，对双方都有利。"如果任何一个国家不幸在工业上、商业上还远远落后于别国，那么，它即使具有发展这些事业的精神与物质手段，也必须首先加强它自己的力量，然后才能使它具备条件，与比较先进的国家进行自由竞争。"李斯特在时间上和保护范围上都对保护政策做了特定限制。他指出，可以建立保护制度的国家并不是任何时候都可以实行这种制度。只有当它在农业、工业、社会和政治上已经充分发展，具备一切精神上和物质上的必要条件和手段，即已经进入农业、工业发展阶段，可以把自己建成工业国家，从而在文化、物质繁荣和经济力量各方面达到高度发展，但是由于世界上有一个比它更先进的工业国家的竞争，使它在前进道路上受到阻碍时，才有理由实行保护关税制度。实行这种制度的国家一旦跨入农工商业发展阶段，这种保护制度就要逐步取消。保护制度并不是要保护一切产品，只有与国家的工业发展相关的那些产品才应加以保护。对不同工业的保护程度要区别对待，那些对国民经济发展有重大意义，即建立和经营时需要大量资本、大规模机械设备、高度技术知识和丰富经验，以及生产人数众多的最主要的生活必需品的工业部门要特别注意保护，对于其他较次要的工业部门则给予较低程度的保护。

保护贸易与自由贸易向来就是国际贸易领域中两种相互对立的观点。在自由贸易成为当今世界主流的情况下，我们也应当看到，自由贸易存在许多负面效应。对于竞争力不强的发展中国家来说，自由贸易往往会对本国产业造成冲击，一些新兴的工业往往会被外国产品"扼杀在襁褓中"，甚至根本就没有产生的可能，因此产业结构与贸易结构便也难以升级。

但是，正如李斯特和其他经济学家所指出的那样，实施保护幼稚工业的政策有两个困难：第一，如何选择被保护的部门；第二，采用什么保护手段以及保护到什么程度。保护幼稚工业的核心问题是选择幼稚工业。所谓幼稚工业是指处在发展过程中的且有发展前途的产业。与幼稚工业相关的另一个问题是保护的期限问题，即一个产业发展到何种程度才算成长起来了，如果一个部门经过几十年的保护尚未发展起来，是否还要保护。因此，贸易保护应当只保护那些具有发展潜力的新兴的工业部门，这个部门在被保护了一段时间之后能够成长起来，并且充分发挥出比较优势。也就是说，这个部门只要经过一段时间的保护之后就可以成长起来，有足够的能力投入国际竞争当中，而绝不是那些无论怎么保护也长不大的"夕阳工业"。另外，这个被保护的部门在壮大之后将给整个社会带来可观的社会效益，这项效益足以弥补社会在保护期中为之付出的代价。

阐述这些原则是一回事，如何实施这些原则是另外一回事。几乎所有的发展中国家在讨论贸易保护问题时都遇到了相同的问题：要求保护的呼声最高的，往往是那些没有什么发展前途的"夕阳工业"或没有多少竞争能力的国有企业。由于新兴工业在国民经济中所占的比重很小，没有什么影响，所以在多数情况下不容易听到这些企业的呼声。但是在传统行业中，强大的利益集团会使得政府不得不对那些不应当保护的部门实施长期的保护。利益集团会千方百计要求政府加大保护力度，提高关税和其他非关税壁垒，使得生产效率很低的部门也能依靠价格扭曲而获得超额利润。这使得政府很难确定合适的保护力度。因此，保护关税制度不能不分场合到处乱用，也不能不分时空一成不变。如何建立一套健全的贸易保护制度，正是国际经济学研究的重大课题。

李斯特的保护贸易学说在德国工业资本主义发展过程中起过积极的作用，它促进了德国资本主义的发展。在李斯特保护贸易政策的影响下，1879年俾斯麦改革关税制度，对钢铁、纺织品征收高额进口税，1898年又一次修正关税法，使德国成为欧洲高度保护贸易的国家之一。这些保护手段使德国用机器生产代替了手工劳动，用现代的生产代替了宗法制的生产。他的理论对当今经济不发达国家制定国际贸易政策依然有着积极的参考价值。他对保护对象是有条件的、保护是有时间限制的，以及保护本身不是目的，而是以自由贸易为最终目的，这些观点是具有积极意义的。

三、超保护贸易政策

19 世纪 70 年代，自由竞争资本主义开始向垄断资本主义过渡。欧洲许多资本主义国家实行的自由贸易政策，只经历了一个很短暂的时期。一些国家的产品销路产生了严重的问题，各国在世界市场上的竞争激烈，使大多数国家先后走上了贸易保护主义道路，纷纷提高关税，以保护本国的市场，同时在国外市场上进行低价销售。这时只有英国仍实行自由贸易政策。

第一次世界大战后，资本主义的市场问题趋于尖锐，各国争夺市场的斗争加剧。许多国家进一步提高关税，开始实施许多的非关税壁垒措施，又一次掀起了贸易保护主义的浪潮。到 1931 年，在严重的经济危机的打击下，英国不得不最终放弃自由贸易政策，转而全面实行保护贸易政策。在这个阶段，资本主义经济出现了以下特点：垄断代替了自由竞争，国际经济制度发生了巨大变化，1929—1933 年资本主义世界发生了空前严重的经济危机，使市场矛盾进一步尖锐，使超保护贸易政策发展到空前的地步。其保护的对象不仅是幼稚工业，更多的是国内高度发展或衰落的垄断工业；保护的目的不再是培养自由竞争的能力，限制进口，而是巩固和加强对国内外市场的垄断，并在此基础上对国内外市场进行进攻性的扩张；保护的利益从一般的工业资产阶级转向大垄断资产阶级；保护的措施与手段从关税扩大到非关税等，还有各种各样的奖出限入措施，实行按倾销价格输出的制度。各种各样的货币集团成立，瓜分世界市场。

两次世界大战期间发展起来的超保护贸易，被各国经济学家用各种理论加以粉饰，其中有重大影响的是凯恩斯主义的国际贸易乘数理论。他和他的弟子有关国际贸易理论的观点和论述为超保护贸易政策提供了重要的理论依据。凯恩斯及其弟子认为古典派的自由贸易理论已经过时了。首先，20 世纪 30 年代大危机以后，古典自由贸易理论"充分就业"的前提已不复存在，取而代之的是大量失业现象；其次，凯恩斯主义认为自由贸易理论只用"国际收支自动调节说"来说明贸易顺差与逆差的最终均衡的过程，没有考虑调节过程对一国国民收入和就业的影响。他们认为，贸易顺差可以为一国带来黄金，扩大支付手段，压低利率，刺激物价上涨，扩大投资，从而有利于缓和国内危机和扩大就业量。而高的投资率可以保持国内就业，这种投资可以是国内投资，也可以是国外投资。当时的国外投资率取决于出口超过进口的差额，即由贸易的顺差决定。而贸易逆差造成黄金外流，物价下跌，导致国内经济萧条，增加失业人数，没有好处。因此，凯恩斯主义赞成贸易顺差，反对贸易逆差。

为了进一步说明投资对就业和国民收入的影响，凯恩斯提出了著名的乘数理论，即投资的增加和国民收入扩大之间的依存关系。由于新增加的投资会引起对生产资料的需求增加，从事生产资料生产的厂商、工人的收入相应增加，由此使他们对消费品的需求也得以增加，这又促进了消费资料生产的扩大，从事消费资料生产的厂商、工人的收入相应增加。如此推演，可以增加的国民收入总量会等于初始投资增加量的若干倍，这就是投资乘数或倍数效应。而倍数的大小取决于"边际消费倾向"，即取决于人们增加的消费占增加的收入的比例。边际消费倾向越大，倍数也越大，直至无限。

乘数（K）的计算公式表示为：

$$K = \frac{1}{(1-\text{边际消费倾向})}$$

国民收入增加量（ΔY）＝乘数（K）× 投资的增加量（ΔI）

凯恩斯的追随者在乘数理论基础上引申出国际贸易乘数理论。他们认为，一国出口的增长代表有效需求的增长，如同国内投资一样，它可以一轮一轮地引起与这一出口量直接或间接有关的国内其他产业连锁反应，从而对国民收入产生乘数或倍数的扩大效应。这是因为出口扩大使得出口部门收入增加，消费增加，并带动向出口部门提供生产资料、生活资料的有关产业部门生产增加，收入与消费增加，循环往复，国民经济收入总增量必将是出口增量的若干倍。反之，一个国家的进口如同国内储蓄一样，是有效需求的负增长，因而有对国民收入产生乘数或倍数的收缩作用。

国际贸易顺差对国民收入的影响倍数的计算公式为

$$\Delta Y = (\Delta I + \Delta X - \Delta M) \times K$$

国际贸易乘数理论是凯恩斯主义超保护贸易学说的核心内容，它在一定程度上揭示了贸易顺差和国民收入及国内就业量之间的关系，但这一理论也存在着很大的局限性。首先，国际贸易乘数理论把经济运行机制简单化了。贸易顺差或逆差对国民收入的影响是不能用一个简单的计算公式来概括的，而且这种公式往往是有一定前提条件的，而这些条件有些难以测量，有些和现实可能相差甚远。其次，国际贸易乘数理论过于强调贸易顺差对国民收入的益处，而对过多贸易顺差可能带来的害处却置之不理。例如，"奖出限入"的超保护贸易政策可能会引起他国的报复，导致贸易战升级；过多的贸易顺差可能会引起本币升值、贸易摩擦加剧等。最后，国际贸易乘数理论是为本国垄断资产阶级服务的，由于它诞生在发达资本主义国家的经济土壤中，所以这种理论对落后的发展中国家并不完全适用。

四、新贸易保护主义政策

20 世纪 70 年代中期以后，由于世界性经济危机（1973—1974 年）的再次爆发，市场问题日趋复杂尖锐，在战后贸易自由化的总趋势下，贸易保护主义重新抬头，出现了新贸易保护主义。其主要特征如下。

（一）被保护的商品范围不断扩大

保护对象从传统商品、农产品转向高级工业品和服务部门。在工业品方面，从纺织品、鞋、陶瓷等"敏感商品"直到钢铁、彩电、汽车、计算机、数控机床等皆被列入保护范围。在服务贸易方面，很多发达国家在签证申请投资条例、收入汇回等方面做出许多限制，以培养自己的竞争优势。

（二）被保护的程度不断提高

如1980—1983年，在整个制成品的进口中受到限制商品的比重有较大提高，美国从6%提高到了13%，欧共体从11%提高到了15%，而在整个发达国家中，受限商品从20%提高到了30%。

（三）贸易保护措施多样化

贸易保护措施主要有：① 按照有效保护率设置阶梯关税。② 加强征收反倾销税和反补贴税活动。③ 非关税壁垒的作用大大增加。非关税壁垒措施从20世纪70年代末的800多种增加到80年代初的1000多种，而且仍在不断地增加，特别是绿色贸易壁垒已成为当今发达国家实施贸易保护的主要表现形式。④ 搞"灰色区域措施"。在所谓的"有秩序的销售安排"或"有组织的自由贸易"等借口下，绕过《关税及贸易总协定》（世界贸易组织）的基本原则，搞"灰色区域措施"。

（四）"奖出限入"的重点从限制进口转向以鼓励出口为主

目前比较常用的鼓励出口措施有出口补贴、出口退税、出口信贷及出口信贷担保，商品倾销、外汇倾销，设立出口加工区、各种鼓励出口的机构和评奖机制，政府出面与他国签订保护本国出口的贸易条约等。

（五）贸易歧视性有所加强

由于经济发展的不平衡，国际贸易之间摩擦加剧，特别是发达国家纷纷饶过《关税及贸易总协定》（世界贸易组织）的无歧视原则，采取国内立法、双边或多边贸易协定的方式，对他国进行贸易制裁和报复。如美国根据国内《1974年贸易法》和《1988年综合贸易法》，对别国频繁使用301条款、超级301条款和特殊301条款进行单方面的贸易制裁，使国际贸易中的歧视现象有所增加。

第三节　自由贸易政策

自由贸易形成于资本主义自由竞争时期，开始于经济最发达的英国，其后，其他国家随着经济发展水平的提高和经济发展的要求也开始接受并实施自由贸易。在资本主义进入垄断阶段后，自由贸易发展一度受阻，这种状态一直持续到第二次世界大战以后，自由贸易又被重新推到前台，成为大多数国家一致推举的贸易政策与做法。

一、自由竞争时期的自由贸易政策

18世纪中叶，在英国开始的产业革命使英国的工业迅速发展，1820年英国的工业生产在全球生产中的比重达到50%，"世界工厂"的地位确立并得到巩固。一方面，英国的产品具有强大的国际竞争力，具有扩大出口的绝对优势；另一方面，大量的出口需要原料和粮食进口的大量增加。因此，新兴的工业资产阶级迫切需要政府抛弃重商主义政策主张，放松对贸易的管制，实行自由贸易政策。经过长期的斗争，古典经济学派的自由贸易理论取代了重商主义的经济思想。

古典经济学派的代表亚当·斯密认为重商主义的保护贸易政策限制了国际贸易的发展，妨碍了社会福利的增长，只有自由贸易政策才能使各国按绝对利益进行贸易交流，以分享国际分工的好处。他们主张从绝对利益出发，把国内分工扩大到国际分工，每个国家只发展那些具有优势条件的工业，用本国具有优势条件的工业所生产的产品与其他国家进行交换，而不必发展那些不具备优势条件的工业。大卫·李嘉图发表了这一观点，认为在国际分工、国际贸易中起决定作用的不是绝对利益，而是比较利益（比较成本）。他认为由于各个国家在生产上优势地位不同，不利程度也不同，每个国家不一定要生产各种商品，而应集中力量生产那些有利程度较大、不利程度较小的商品，然后通过国际贸易进行交换。这样，在资本和劳动力不变的情况下，生产总量就会增加，这种交易对各国都有利。而这样的"两利相权取其重，两弊相权取其轻"的比较优势原则只有在自由贸易条件下才能实现。李嘉图的经济理论揭示了国际贸易的一个客观规律，把自由贸易推向一个更广阔的领域。

古典经济学派的自由贸易理论为英国制定自由贸易政策提供了理论依据。英国于19世纪前期建立了一种开放性的自由贸易政策体系。这些政策主要包括：废除"谷物法"；逐步降低关税税率，减少纳税的商品项目和简化税法；取消特权公司，允许一切行业和个人从事国际贸易；废除航海法；改变对殖民地贸易政策的做法，逐步采取自由放任的态度；与外国签订贸易条约等。在英国的带动下，法国、荷兰、比利时等相继实行了自由贸易政策，从而形成了国际贸易史上的第一次，也是唯一一次较为彻底的自由贸易时代。

二、第二次世界大战后的贸易自由化政策

第二次世界大战以后，以《关税及贸易总协定》的签订并正式生效为标志，国际贸易进入以自由贸易为主导的发展阶段，贸易自由化不仅是发展趋势，而且也是在历经反复中不断向前发展的现实。与战前形成鲜明对照的是：20世纪70年代中期受世界性经济危机的打击，许多国家推出了新的贸易保护措施，形成了新的贸易保护高潮，但这只对贸易自由化趋势造成了一定冲击，却没有也不可能中断业已十分强大的国际贸易自由化进程。

20世纪80年代以来，随着冷战结束和各社会主义国家改革的不断深入，各国纷纷向市场经济过渡，实行对外开放政策，世界经济市场化越来越明显，全球性质的合作与交流便开始了。这种贸易自由化的趋势在世界贸易组织成立后得到了进一步加强。按照世界贸易组织的有关规定，各国实行的非关税壁垒将予以关税化，而关税水平将不断降低。1997年，发达国家的平均关税水平已经降至3.8%，发展中国家的平均关税水平也已经降至12.5%。

（一）第二次世界大战后贸易自由化的主要组成原因

是什么原因导致贸易自由化成为不可逆转的历史潮流呢？这是因为国际分工是社会生产力发展到一定水平后的产物，它同世界技术革命紧密联系在一起，促进了国际贸易往来，加快了经济全球化。第三次技术革命产生了大量的新产品、新材料、新原料，涌现出了大量新兴工业部门，并推动了原有的工业部门的新发展。一方面，加速了发达国家产业结构的升级换代；另一方面，大大推动了生产国际化和跨国公司的发展。跨国公司把一种产品的各个部件交给分布在不同国家的子公司进行生产和装配，扩大了国际的生产专业化；同时，跨国公司以世界市场为其投资和产品销售的目标，在全球范围内组织生产、投资和销售，使国际分工有了崭新的内容。首先，先进国家的许多新兴产业处于相近的竞争水平上，更多的产业内部分工得到发展；其次，科技革命使同一产品的零部件生产乃至工艺水平都要求合作，各国之间的竞争已不只是产业的竞争，更重要的是在同一产业的某个环节上取得比较优势，从而分得国际贸易的利益。因此，行业内贸易成为国际贸易的主要部分。

信息革命促进了世界贸易的信息化，为全球贸易的迅速发展注入了生机和活力。贸易信息系统已于20世纪80年代后期建成，它是指电子商务、电子数据交换（EDI）国际贸易方式及网络贸易的建成、实施和推广。电子商务是实现贸易全球化的技术前提条件，而电子数据交换则开创了世界范围内实现商业文件标准化、电子自动处理和

交换的新型贸易方式，使国际贸易能够按照国际统一的贸易程序进行贸易交往及商务处理。网络贸易突破了服务业的时空限制，使服务业中长期以来难以或完全不能从事贸易的行业获得了解放，获得了"可贸易"的物质条件。

第二次世界大战后贸易自由化迅速发展的最主要原因是，这一阶段的贸易自由化已进入各国共同实行自由贸易的公平贸易时代。任何一个国家都不可能在分享他国自由贸易的好处的同时，在本国实行保护贸易政策。需要注意的是，发展中国家薄弱的经济基础和相形见绌的竞争力，使其难以在经济全球化和自由化中长期受益。因此，发展中国家应该考虑各自的国情、经济发展水平和承受能力，谨慎选择参与的方式。但是，发展中国家必须认识到，自由贸易已经成为经济全球化的重要动力，融合到全球经济一体化的浪潮中去是发展中国家的唯一选择。

贸易自由化实行放宽乃至取消贸易限制，逐步实现国际商品自由流通的政策主张。第二次世界大战后，这一主张首先由美国提出，后被各种国际经济组织作为政策目标在国际范围内积极推行，并取得了进展。当时西方国家在战时实行的国有贸易仍继续保留，政府对特定商品规定进出口数量，由专设机构经营，私人不得参与。此外，政府还对许多商品规定进口配额，在私营贸易商间进行分配，超过配额不得进口。这两种数量限制被认为是恢复和发展国际贸易的障碍。与此相适应，推行贸易自由化也有两个方面的内容：一是缩减国有贸易，扩大私营贸易。私营贸易在一国国际贸易中所占的比重，成为衡量贸易自由化程度的一个指标。二是逐步取消进口配额，扩大自由进口。自由进口在一国国际贸易中所占的比重，成为衡量贸易自由化程度的另一个指标。

早在 1945 年，联合国国际贸易与就业会议曾对美国所提贸易自由化议案进行讨论，并发表了《最后文件》。1947 年成立的《关税及贸易总协定》，目的就在于推行贸易自由化。《关税及贸易总协定》承认国有贸易，但附有极严格的约束条件：原则上禁止和采用进口配额制，但又规定若干例外。1948 年成立的欧洲经济合作组织，在成员间推行贸易自由化，1949 年曾要求各国对私营贸易限制削减 50%，被称为"自由化配额"，根据《自由化规约》逐步提高私营贸易自由化程度。1959 年，各国平均自由化率已达到 89%。关于取消进口配额，经过欧洲共同体、欧洲自由贸易联盟以及《关税及贸易总协定》的推行，也有很大进展，但西方国家都或多或少有所保留，被称为"残留进口限制"。

按照《关税及贸易总协定》规定，对于残留进口限制的品目，须通知《关税及贸易总协定》常设机构，须同有关国家进行协商并允许这些国家采取报复措施。西欧国家在 1958 年贸易自由化率已达到 97%，日本在 1972 年贸易自由化率已达到 97%。这种残留进口限制品目，20 世纪 80 年代中期日本尚有 27 种，法国有 48 种，美国有 7 种。贸易自由化的进展对国际贸易的恢复与发展起了促进作用。

（二）第二次世界大战后贸易自由化的主要表现

1. 关税大幅度降低

战后初期至 20 世纪 70 年代初，世界各国作为限制进口的主要手段的关税税率都大幅度降低，主要资本主义国家的平均关税水平已由 50% 下降到 5%。促使关税大幅度削减的主要原因有《关税及贸易总协定》的签订、欧共体的建立和普惠制的实施等。这些贸易协定和经济同盟的建立，是以关税减让为前提的。

2. 非关税壁垒被削弱

战后，在贸易自由化趋势下，各国除大幅度降低关税外，还在不同程度上降低或撤销非关税壁垒，包括放宽进口数量限制、扩大进口自由化、增加自由进口的商品数量和促进贸易自由化的发展等。

3. 放宽外汇管制

随着经济的恢复与国际收支状况的改善，发达资本主义国家都在不同程度上放宽或解除了外汇管制，恢复了货币的自由兑换。

4. 发展中国家和最不发达国家得到优惠待遇

如普遍优惠制的实施，发达国家对来自发展中国家的制成品、半制成品给予了普遍的、非歧视的单方面的关税优惠；《关税及贸易总协定》中对发展中国家及最不发达国家的例外条款，促进了这些国家的国际贸易发展。

（三）第二次世界大战后贸易自由化的主要特点

1. 贸易自由化领域拓宽，参与者增加

其拓宽领域主要指服务贸易、技术贸易和信息产品贸易，增加参与者主要指广大发展中国家。

2. 贸易自由化主要是在多边、区域或双边的贸易协议框架内进行

这主要是指国家间通过签订多边、区域或双边的贸易协议，约定彼此间削减关税，抑制非关税壁垒的使用，取消国际贸易中的障碍与歧视，促进贸易自由化的发展，以扩大世界商品的生产和交换。

3. 贸易自由化是一种有选择的贸易自由化

处于贸易自由化进程中的国家在选择产品范围、领域中具有一定的自主性，而且在削减关税壁垒的同时，可以通过诸多保障条款的使用，在很大程度上保留免除其履行贸易自由化的义务和使用保护贸易政策的权利，因而这一时期的自由贸易政策在一定程度上仍和保护贸易政策相结合，从而在具体实行中出现这样的趋势：工业制成品比农产品的贸易自由化程度要高，机器设备产品比工业消费品的贸易自由化程度要高，区域集团内部的贸易自由化程度超过集团外部的贸易自由化程度，发达国家之间的贸易自由化程度超过发展中国家之间的贸易自由化程度。因此，这种有选择的贸易自由化具有不平衡性、不稳定性，当在贸易自由化进程中本国的经济利益受到损害时，贸易保护主义就可能重新抬头。

4. 贸易自由化促进了世界经济的高速发展

贸易自由化带来了市场扩大和低廉的原料、食品、中间产品以及制成品的进口，为许多国家的经济发展创造了良好的物质条件。世界经济整体上都得到了快速发展，尤其是日本、西欧和新兴的工业化国家和地区出现了第二次世界大战后经济发展的奇迹。

第四节　中国的国际贸易政策

我国的国际贸易政策可以分为两个阶段：一是改革开放前的高度管制阶段；二是改革开放后的相对自由政策阶段。

一、改革开放前的国际贸易政策

新中国建立以后，面临国际上的冷战形势，根据经济建设的需要，借鉴苏联的经验，我国采取的是国家管制的内向型保护贸易政策。这种内向型保护贸易政策对粉碎帝国主义的禁运和封锁、顶住外国的经济压力、密切配合外交斗争、促进社会主义经济建设起了积极的作用。但是，这种政策也存在相当大的副作用，主要表现在对国内企业保护过度，导致中国对外贸易企业效率不高、国际竞争力低下、不能积极参与国际分工，从而使我国的国际贸易事业发展缓慢。

二、改革开放后的国际贸易政策

改革开放以后，我国调整了外贸政策，把国家统管下的内向型保护贸易政策转变为开放型的适度保护贸易政策。国际贸易活动由国家实行宏观调控，把扩大出口与开放国内市场相结合，积极参与国际市场上的分工和交换。其主要内容有：实行有条件的、动态的、适度的贸易保护手段，对生产技术条件不同的工业部门，在不同时期采取不同程度的保护；出口的目的不仅是获取外汇，还要带动和促进国民经济的发展、结构的升级和技术的进步；进口的目的不仅是满足国内生产和消费，还要发展出口，为面向出口的产业服务；大量引进先进技术和关键设备，发展独立完整的国民经济体系；积极利用外资，扩大社会再生产规模；改革外汇体制，实行单一管理的浮动汇率；积极争取加入世界性的经济贸易组织。经过十余年的艰苦谈判，我国于 2001 年成功地加入了世界贸易组织，使我国的国际贸易政策进入了新的发展阶段。

三、我国对外开放政策的主要措施和基本格局

（一）我国对外开放政策的主要措施

实行对外开放是我国的一项长期基本国策。它是关系我国能不能进一步发展和解放生产力、能不能完美地发展社会主义，关系国家繁荣富强、民族兴衰成败的重大战略问题。实行对外开放，符合经济发展规律的客观要求，符合发展生产力的客观要求，符合培育和发展社会主义市场经济的客观要求。对外开放与经济体制改革一起构成发展社会主义市场经济、实现社会主义现代化事业的两个轮子。它与经济体制改革相互促进、相辅相成、共同推动我国经济的发展。

我国实行对外开放，首先是经济上的对外开放，也就是要实行对外开放的经济政策。从这个角度讲，对外开放的基本含义是：要大力发展和不断加强对外经济技术交流，积极参加国际交换和国际竞争，由内向型经济转变为外向型经济，以加速实现四个现代化建设事业。因此，我国对外开放的主要措施是：大力发展国际贸易，特别是扩大出口贸易；积极引进先进技术和设备，特别是有助于企业技术改进的适用的先进技术；积极有效地利用外资；积极开展对外工程承包和劳务合作；发展对外技术援助和多种形式的互利合作；设立经济特区和开放沿海城市，带动内地开放。其中，发展国际贸易、利用外国资金、引进先进技术设备是我国对外开放政策措施中最主要的内容，而在这三项内容中，发展出口贸易是利用外资和引进技术的物质基础，是对外开放政策的最基本内容。因此，实行对外开放政策，必然使对外经济贸易在国民经济中处于重要的战略地位。

（二）我国对外开放政策的基本格局

我国的对外开放，经过二十多年的努力，在不断总结经验的基础上，由点到面，由浅入深，从南到北，从东到西，形成了以经济特区和沿海开放城市为重点的全方位、多渠道、多层次的开放格局。对外开放基本格局的形成，显示了我国改革开放的巨大能量，对我国进一步利用国际分工，促进经济国际化，发展社会主义市场经济，进行社会主义现代化建设，奠定了良好的基础。

1.1992 年以前，重点开放沿海地区，逐步向内地开放

沿海地区是我国实行对外开放的前沿地带。早在实行对外开放政策初期，党中央和国务院就确定了"重点开放沿海地区，逐步向内地开放"的经济发展战略，把我国经济发展进程划分为东部地区（沿海地区）、中部地区（中部各省）和西部地区（新疆、青海、西藏等边远省、区）三个地区，先发展东部地区，带动中部地区和西部地区发展。按此战略，我国分为经济特区、沿海开放城市、沿海经济开放区、内地四个层次。

1）建立经济特区

1979年7月，国务院确定在广东、福建两省实行特殊政策和灵活措施，主要是在对外经济活动方面授予较多的自主权，并提出在深圳、珠海、汕头、厦门试办出口特区。1980年5月，国务院决定把特区的名称正式定为经济特区。1987年，中央批准海南建省，1988年3月，海南省作为全国最大的经济特区对外开放。1990年，中央又决定开发和开放上海浦东，实行某些经济特区的政策。

经济特区是我国对外开放的第一个层次。它们有着国家给予的特殊政策，从外贸经营权、利润留成、财政包干、税收优惠以及一定程度的立法权都归地方控制。经济特区的设立，是我国对外开放的突破口和开创性措施。实践充分证明，通过建立经济特区来推进开放的道路是完全正确的，并且取得了巨大成就。它不仅使这些地区迅速建立起开放型经济，在本地区初步形成社会主义市场经济体制，而且很好地发挥了技术、管理、知识和对外开放政策的窗口作用，带动了全国的对外开放，促进了全国市场的成长，在改革开放和现代化建设中产生了重要的示范作用。

2）开放沿海港口城市

在总结对外开放的实践经验的基础上，特别是经济特区发展经验的基础上，1984年5月，中共中央、国务院决定进一步开放大连、秦皇岛、天津、烟台、青岛、连云港、南通、上海、宁波、温州、福州、广州、湛江、北海等14个沿海港口城市。

沿海开放城市是我国对外开放的第二个层次。国家对这些城市实行经济特区的某些政策加以扶持。在这些开放城市中，有条件的地方可以兴办经济技术开发区，通过各种优惠政策吸引外资，引进先进技术和管理经验，加快现有企业的技术改造，加速技术进步，使重要行业和企业的技术和产品赶上当代国际先进水平。实践证明，沿海开放城市在利用外资、引进先进技术方面，在与内地的横向经济联系，促进资金、设备、技术和人才的合理交流，带动内地经济开放方面取得了巨大成就。

3）开辟沿海经济开放区

1985年1月，党中央和国务院又决定将长江三角洲、珠江三角洲、闽东南地区开辟为沿海经济开放区。1988年年初，又将山东半岛、辽东半岛列入沿海经济开放区。

沿海经济开放区是我国对外开放的第三个层次。国家对它们实行沿海开放城市的优惠政策。沿海经济开放区可凭借交通方便，对外联系广泛，工农业基础好，有丰富的劳动力资源，蓬勃发展的乡镇企业的力量，并根据国际市场的需要，通过吸引外商直接投资，大力发展外向型的加工工业和出口创汇农业，扩大出口创汇。

4）逐步向内地开放

内地是我国对外开放的第四个层次。按照党中央和国务院的指导思想，我国实行对外开放政策，就是从经济特区—沿海开放城市—沿海经济开放区—内地逐步推进，把沿海地区的发展和内地的开发结合起来，有效地解决我国经济建设中东部、中部、西部的有关问题，由沿海地区带动整个内地的发展，促进全国经济的振兴。

由此可见，沿海地区是我国实行对外开放的前沿地带，是对外开放的重点地区。沿海地区的经济发展制约着全国经济的发展，影响着现代化建设的规模和进程。

2.1992 年以后逐步形成全方位的对外开放格局

党的十四大报告为中国对外开放格局制定了发展目标：对外开放的地域要扩大，形成多层次、多渠道、全方位的对外开放格局。因此，1992 年以后，我国在继续开放经济特区、沿海开放城市和沿海经济开放区的基础上，进一步开放了陆地边境市、镇，开放了一些沿江（长江）和内陆省会城市，使我国形成了全方位对外开放的新格局。

1）开放陆地边境市、镇

1992 年年初，邓小平南巡讲话的发表，加快了中西部地区的对外开放步伐。同年 3 月以后，国务院决定开放吉林的珲春，黑龙江的绥芬河、黑河，内蒙古的满洲里、二连浩特，新疆的伊利、博乐，云南的瑞丽、畹町、河口，广西的凭祥、东兴，共 12 个陆地边境市、镇。

进一步开放陆地边境市、镇，是全方位对外开放的重要步骤。我国的陆地边境市、镇实行类似沿海开放城市的政策，以加速边境地区开放型经济发展为目的，形成了沿周边国家的东北、西北、西南三大开放地带。东北开放带，以俄罗斯、独立体其他国家、蒙古、东欧诸国为对象，以满洲里、黑河、绥芬河、珲春 4 个沿边开放城市为龙头，内蒙古、黑龙江、吉林等省区正在形成一个具有纵深背景的大开放区。西北开放带，以独立体诸国、东欧诸国、巴基斯坦、西亚诸国为对象，以新疆自治区为主体，在 5400 多千米的边境线上开通了 8 个通商口岸。东起连云港、西起新疆至欧洲的大陆桥开通，为我国的西北部的开放提供了重要条件。西南开放地带，以印度、尼泊尔、缅甸、老挝、越南、孟加拉国等为对象，以云南、广西为主体。

沿边地区利用中央赋予的政策，逐步打开了封闭的门户，一种以贸易为先导、以内地为依托、以高层次经济技术合作为重点、以开拓周边国家市场为目标的沿边开放新态势已经形成。

2）开放沿江和内陆省会城市

继沿边开放后，1992 年 6—7 月，中央又决定以上海浦东为龙头，开放重庆、岳阳、武汉、九江、芜湖等 5 个沿长江港口城市；开放太原、合肥、南昌、郑州、长沙、成都、贵阳、西安、兰州、西宁、银川等 11 个内陆省会城市；开放昆明、乌鲁木齐、南宁、哈尔滨、长春、呼和浩特、石家庄等 7 个边境、沿海省会城市。

沿江和内陆省会城市的开放，将使我国对外开放向纵深地域发展。我国通过该地区的开放，不仅促进了长江流域和大半个中国经济的发展，而且对于扩大和完善我国对外开放格局，缩小东、中、西部地区差距都产生了积极的影响。由此可见，我国的对外开放并没有采取全国同步开放的方针，而是采取多层次、滚动式、逐步向广度和深度发展的方针。这是由我国的国情决定的。我国地区经济发展很不平衡，地理条件差异较大，特别是长期实行封闭型的高度集中的计划经济体制、价格体系和产业结构同世界经济割开的情况下，不能采取一刀切的办法，而只能采取由点到线、由线到面、由东到西、由南到北逐步展开的方针。

第五节　中国与贸易强国的发展差距

一、出口产品技术含量较低，利润低

改革开放以来，尽管我国工业生产发展迅速，但主要为劳动密集型的初级加工产品，产品的技术含量低、贸易附加值低，处于贸易价值链的底端（张二震，2016）。中国出口产品以机电产品、轻工业产品为主，例如服装、纺织品、塑料品、家具等劳动密集型产品，其技术含量和附加值不高。2015年，中国机电产品出口贸易总额为1.31万亿元，占出口贸易总额的57.6%，同比上升1.6%。其中上升明显的产品为船舶和手机出口，分别上升13.3%和8.5%。轻工业产品方面，以服装、纺织品、鞋类、箱包、家具、玩具和塑料制品等七大劳动密集型产品为主，出口总额为4718亿美元，占出口贸易总额的20.8%，同比下降2.7%。2015年，我国高新技术产品出口总额为5480.6亿美元，占出口贸易总额的28.86%，但出口高新技术产业具有明显外资主导和加工贸易的特征，外资企业是中国高新技术产品出口的主要供给者，且在贸易方式上主要以加工贸易为主。不难发现，即使中国高新技术产品出口比重得到提升，但仍处于该产业价值链底端，缺乏核心技术，仅仅是世界的"加工厂"。在国际分工中的利润空间较小，仅能赚取"辛苦费"。

二、贸易结构不合理，服务贸易发展滞后

我国的贸易结构不合理，且服务贸易在贸易总额中的比重与贸易强国之间的差距较为明显。2015年，我国出口贸易方式主要以一般贸易和加工贸易为主，分别占比53.4%和35.1%。我国服务进出口贸易总额为7130亿美元，占贸易总额的15.3%，其中服务贸易出口总额为2881.9亿美元，占我国出口贸易总额的12.70%，同比增长9.2%；进口贸易总额为4248.1亿美元，占我国进口贸易总额的25.29%，同比增长18.6%；服务贸易逆差为1366.2亿美元。虽然我国服务贸易比重在不断增加，但与美国、日本、德国等发达国家的服务贸易总额与服务贸易占比都存在巨大差距。有学者采用显示性比较优势指数（RCA），分析一国服务贸易在总出口贸易中所占份额相对于该贸易在

世界贸易总额中所占比例的大小。一般认为，当 RCA<0.8 时，具有较弱的竞争力；当 $0.8 \leqslant RCA \leqslant 1.25$ 时，具有一般的竞争力；当 RCA>1.25 时，具有较强的竞争力。在研究世界主要贸易出口国服务贸易总体 RCA 指数时发现，美国、英国 RCA 指数均高于 1.5，表明其服务贸易均具有较高的竞争力，而中国 RCA 指数仅为 0.50，远低于美国和英国，表明其服务缺乏竞争力。

第六节　国际贸易、技术进步与工资差距

国际贸易、技术进步与工资差距是目前国际贸易领域研究的热点问题，该问题源自工业化国家和发展中国家的熟练工人和非熟练工人工资差距过大的现象。而传统的 H-O 模型和 S-S 定理不能对该现象做出解释。工业化国家出现这一现象与 H-O 模型和 S-S 定理的结论并无出入，但与其内在逻辑存在矛盾。所以工资差距问题受到了学术界的广泛关注，引发了大量的研究。这些研究主要从国际贸易和技术进步两个方面对工资差距进行解释，本节对此进行梳理，以期厘清该研究的发展脉络和进一步研究的方向。

一、国际贸易与技术进步

20 世纪后期，垂直分工逐渐成为国际分工的主要形式，推动了产业内贸易发展，产业内贸易的比重大幅下降，改变了 H-O 模型应用的条件，使其不再适用。在这种情况下，结合新的贸易形式进行研究就成为工资差距研究的突破口。在理论研究方面，Feenstra and Hanson 将生产区段区分为资本密集型、熟练劳动力密集型和非熟练劳动力密集型三种。他们提出，由于发展中国家在非熟练劳动上占有比较优势，发达国家将非熟练劳动密集型生产区段以中间品的形式外包出去，可以发挥发展中国家在非熟练劳动上的比较优势和发达国家自身在资本和熟练劳动上的比较优势，促进全部区段生产成本降低和生产规模扩大。这样，一方面提高了发达国家内部的熟练劳动的需求，扩大了发达国家熟练劳动的与非熟练劳动的工资差距；另一方面，由于外包给发展中国家的生产区段的熟练劳动密集度通常高于没有承接外包之前发展中国家生产的熟练劳动密集度，因而发展中国家的熟练劳动相对需求也会增加，这必然会拉大发展中国家熟练劳动的和非熟练劳动的工资差距。Grossman and Hansberg 提出了任务外包的概念，他们将任务外包对本国非熟练工人工资产生的影响分解为三种效应：① 生产率效应。外包成本下降会引起低技能密集型任务外包的范围扩大，增加了非熟练劳动的需求，从而提高了非熟练劳动的工资，这种效应类似于劳动生产率的提高的结果，称为

生产率效应。② 相对价格效应。由于外包多发生在低技能密集型任务上，因而低技能密集型产业的成本节约大于高技能密集型产业的成本节约，引起低技能密集型产业产品的相对价格下降，按照 S-S 定理，非熟练劳动的工资就会下降，这种效应称为相对价格效应。③ 劳动供给效应。外包出去的任务会在本国发展出非熟练劳动力，增加了非熟练劳动力的供给，这会降低非熟练劳动力的工资，这种效应称为劳动供给效应。外包对非熟练工人工资的作用取决于这三种效应的综合。

在实证研究方面，Feenstra and Hanson 对美国和墨西哥的情况进行了检验，结果均发现：高技能工人工资的上升可由外包来解释。Feenstra and Hanson 使用美国四位数产业数据检验了中间品贸易和技术进步对美国非生产工人和生产工人的工资差距的影响，结果发现：中间品进口提高了美国产业内非生产工人的相对工资。

二、技术进步和工资差距

该方面的研究根据技术进步是外生的还是内生的又分为外生性技术进步和内生性技术进步两个方面。在理论研究方面，外生性技术进步的观点认为技术进步是由外部因素所引起的，与要素的类型无关，但不同类型的工人与技术的结合存在差异。Caselli 假设初始时经济中只存在一个部门，工人的工资不存在差异。技术进步推动了生产率更高的新部门出现，这时学习成本低的高技能工人比学习成本高的低技能工人能够更快地掌握新技术，因而转移到新部门，而新部门更高的生产率为向高技能工人支付更高的工资提供了可能。Krusell et al. 从工人与设备资本的互补性进行了论述，认为生产率大幅提高使设备资本价格大幅下降，增加了设备资本的使用量，而高技能工人具有比低技能工人更高的资本互补性，设备资本使用量的上升扩大了高技能工人的需求，因此高技能工人的工资上升幅度高于低技能工人的工资上升幅度。内生性技术进步的观点把技术开发纳入厂商的利润最大化决策，提出厂商在进行研发时需要考虑技术与哪一类工人结合。Acemoglu 提出，厂商根据与技术相结合的生产要素的回报率来决定开发何种技术。新技术回报率取决于两种效应：① 价格效应。产品的相对价格变动时，生产价格更高的商品的设备需求会更大，从而使与这类设备相结合的技术的发明和改进将更为有利可图。而当某种生产要素变得稀缺时，密集使用这一要素生产的产品的相对价格会上升。② 市场效应。在其他条件不变的情况下，市场规模越大，生产中引入能被更多工人使用的机器就越有利可图，因为更大市场能为新技术的发明者和使用者带来更高的销售额和利润。价格效应偏向于使用稀缺要素，市场效应偏向于使用丰富要素，高技能工人的相对工资增加可以解释为市场效应超过价格效应的结果。

在实证研究方面，外生性技术进步观点的实证研究主要从熟练劳动与资本的互补性方面进行检验。Krusell et al. 发现，1963—1992 年美国工资差距扩大可归结为资本与技能的互补性对熟练劳动力需求的影响。Lindqusit 发现，发达国家的熟练劳动力与非熟练劳动力之间工资不平等现象均可以由资本与技能的互补性得到解释。

三、国际贸易与技术进步的结合

由于国际贸易和技术进步都能影响工资差距，研究者把两者结合起来。在理论研究方面，出现了两个分支：一个分支认为国际贸易通过影响技术进步而影响工资差距。国际贸易影响技术进步的机制可以概括为两种：一是引起竞争加剧；二是影响技术进步的偏向性。Thoenig and Verdier 使用动态一般均衡模型刻画了贸易开放条件下企业进行内生偏向性技术创新的行为。Epifani and Gancia 讨论了国际贸易引发技术偏向的规模效应，指出了经济规模在技术溢出中的关键作用。另一个分支将贸易、技术和工资差距纳入统一框架下。Acemoglu（2003a）指出由于国家间的知识产权不受国际贸易影响，不同类型技术的市场规模在贸易前后不会发生变化，但贸易会引发产品相对价格变化，所以价格效应在贸易前后将发挥主要作用，在发达国家引起偏向于使用稀缺要素，从而使熟练劳动和非熟练劳动的工资差距加大。Yeaple 刻画了企业进行技术选择，再根据技术选择的结果选择雇佣工人的行为。他指出因为出口加剧了竞争，高成本的企业被迫退出市场，只有成本低、销售大量产品的企业才能够存活下来；贸易会使得一国整体的生产率提高，采取更先进的技术和支付更高的工资。

在实证研究方面，Zhu and Trefler 研究了北方国家技术创新对南方国家工资差距的影响，结果发现南方国家的技术赶超引起了技术密集型产品出口增加，扩大了发展中国家的工资差距。Conte and Vivarelli 分析了物化型的国际技术溢出对低收入和中等收入国家相对工资差距的影响，认为技术溢出会引起就业向熟练劳动力转移，进而提高相对工资。

四、异质性理论视角下的国际贸易、技术进步与工资差距

引入企业和产品异质性是近年来国际贸易研究的主流趋势，但是在国际贸易与工资差距的研究中这一类文献较少。在理论研究方面，Yeaple 假设企业是同质的，但是其研究中引入了异质性企业理论的生产率选择机制，带有异质性理论的特征。Egger and Kreickemeier 认为工资差距与企业的绩效存在关联。出口企业具有更高的生产率，从而能够获得更高的利润，因此可以向工人支付更高的工资。由于生产率更高的出口企业使用高技能工人较多，这样就会拉大高技能工人和低技能工人的工资差距。

在实证研究方面，Xu and Li 发现中国外资占多数股的企业倾向于采用高技能工人偏向的技术，从而拉大了工资差距；外资占少数股的企业倾向于采用低技能工人偏向

的技术，缩小了工资差距。Unel 使用美国和 OECD（经济合作与发展组织）国家之间的贸易数据研究发现，生产差异化产品的企业，生产率较高，高生产率企业的出口会增加对熟练劳动力的需求，扩大工资差距。

五、不足之处和进一步研究的方向

通过以上综述，可以发现目前的研究存在下列不足：① 引入企业异质性是当前国际贸易研究的主流趋势，但是目前异质性理论框架下工资差距的文献还不够丰富。其原因在于工资差距的研究需要以市场完全竞争为前提，而异质性企业理论适用的是垄断竞争模型的框架。② 劳动需求变化是引起工资变化的主要机制，但是劳动需求变化不仅会引起工资变化，也会引起就业变化。但是目前研究基本上都假定充分就业，没有结合就业变化进行研究。③ 能够综合各种典型化事实的研究尚不多见。例如，目前关于中国出口生产率的研究大都证实了出口生产率悖论的存在，即在中国出口企业的生产率反而低于非出口企业，这意味着出口企业具有更高的成本或更低的利润，但是贸易与工资差距的研究却证实企业劳动生产率与工资差距之间是正相关关系，这就提出了一个问题：出口企业在利润更低的情况下，为什么要使用更多的高技能劳动？以上不足之处都可以作为进一步研究的方向。

第三章 经济全球化与国际服务贸易

经济全球化是当代世界经济发展的主要特征和发展趋势，而作为国际贸易的重要组成部分的国际服务贸易，在经济全球化过程中也起着重要作用，成为全球经济发展的主要增长点。本章主要介绍区域经济一体化的含义、形式，第二次世界大战后国际资本移动的特点，跨国公司的发展，以及服务贸易和国际技术贸易的内容，分析区域经济一体化、国际资本移动、跨国公司对国际贸易发展的影响。

第一节 区域经济一体化

一、区域经济一体化的含义和主要形式

（一）区域经济一体化的含义

从含义上讲，经济一体化有广义和狭义之分。广义的经济一体化，即世界经济一体化，或称为国际经济一体化，是指各国国民经济之间相互开放，取消歧视，形成一个相互联系、相互依赖的有机整体。狭义的经济一体化，即区域经济一体化或地区经济一体化，是指区域内两个或两个以上的国家或地区，在一个由各国政府授权组成的并具有某种超国家性质的共同机构协调下，通过制定统一的经济贸易等政策，减少和消除国别间阻碍经济贸易发展的壁垒，实现区域内共同协调发展和资源优化配置，以促进经济贸易发展，并最终形成一个经济贸易高度协调统一的整体。区域经济一体化是一个动态发展、变化的过程。

（二）区域经济一体化的主要形式

1.按经济一体化的发展程度划分

（1）优惠贸易安排。优惠贸易安排是一种较低级和松散的区域经济一体化形式，在实行优惠贸易安排的成员之间，通过协定或其他形式对全部商品或部分商品规定特别的关税优惠待遇。

（2）自由贸易区。根据《关税及贸易总协定》第24条"关税联盟和自由贸易区"

第 8 项规定，自由贸易区应理解为由两个或两个以上的关税领土所组成的集团，对原产于这些组成集团领土的产品的贸易，已实质上取消关税或其他贸易限制的集团。自由贸易区有两个特点：一方面，在该集团内成员之间相互取消关税或其他贸易限制；另一方面，各个成员又各自独立地保留自己的对外贸易政策，尤其是关税政策，所以，有人把自由贸易区称为半关税同盟。

（3）关税同盟。根据《关税及贸易总协定》第 24 条"关税联盟和自由贸易区"第 8 项规定，关税同盟应理解为以一个单独的关税领土代替两个或两个以上的关税领土。因而关税同盟比自由贸易区更进一步，区内成员实质上取消关税或其他贸易限制，实现区域内货物的完全自由移动，并对非同盟国实行统一的关税税率。

（4）共同市场。共同市场是指由两个或两个以上的国家完全取消关税，建立对非成员国的统一关税，在实现货物自由移动的同时，还实现生产要素之间的自由移动。如 20 世纪 70 年代的欧洲共同市场。

（5）经济同盟。实行经济同盟的国家不仅实现货物、生产要素的自由移动，建立共同对外的关税，而且制定和执行统一对外的某些共同的经济与社会政策，逐步废除经济贸易政策方面的差异，使一体化的范围从商品交换扩大到生产、分配乃至整个国民经济，形成一个有机的经济实体。经济同盟阶段的区域经济组织必须设有一个超国家机构，通过其管理使各成员对其有关权力做出让度。欧洲联盟即属此类，这是目前最高层次的区域经济一体化组织。

（6）完全经济一体化。完全经济一体化是最高层次的经济一体化形式。在此阶段，区域内各国在经济、财政与金融、贸易等政策方面均完全协调一致，实行统一经济政策。欧洲联盟的最终目标便是达到这种境界。上述六种形式反映了经济一体化的逐级深化，但一体化的不同层次并不意味着不同的一体化集团必然从现有形式向较高形式发展和过渡。

2. 按经济一体化的范围划分

（1）部门经济一体化。部门经济一体化是指区域内各成员间的一个或几个部门（或商品）纳入一体化的范畴之内，实现局部经济部门中的协调一致。如 20 世纪 60—70 年代的欧洲原子能共同体、欧洲煤钢共同体等。

（2）综合经济一体化。综合经济一体化是指区域成员间的所有经济部门均纳入一体化的范畴之内。例如欧洲联盟内的区域经济合作便是涉及几乎所有经济部门。

3. 按参加国家或地区的经济发展水平划分

（1）水平经济一体化。水平经济一体化是由经济发展水平大致相同或接近的国家共同组成一体化。如拉美自由贸易协会、东南亚经济同盟等。

（2）垂直经济一体化。垂直经济一体化是指经济发展水平、发展阶段不同的国家与区域间所组成的经济一体化。如北美自由贸易区，其中的美国、加拿大是经济发达国家，而墨西哥的经济发展水平较低，属于发展中国家，这两种类型的国家经济发展水平、实力、阶段均存在较大的差异。

二、区域经济一体化的发展

（一）区域经济一体化的发展概况

区域经济一体化的发展雏形可以追溯到 1921 年，比利时和卢森堡结成经济同盟，后来荷兰加入，组成了卢森堡、比利时、荷兰三国经济同盟。但是区域经济一体化的第一次发展高潮始于 20 世纪 50 年代，最初发展主要局限于欧洲，一体化程度也较低。随着欧洲经济共同体和欧洲自由贸易联盟的成功，引发了世界上其他地区的效仿，推动了 20 世纪 60 年代区域经济一体化的较大发展，尤其是在非洲和拉丁美洲的发展中国家出现了一批区域经济一体化组织。20 世纪 80 年代中期以来，区域经济一体化进入一个新的发展时期，出现了海湾合作委员会、南亚区域合作联盟、亚太经济合作组织等。进入 20 世纪 90 年代后，区域经济一体化发展到一个新阶段，在这一时期，不但一体化组织的数量增多，更表现为一体化组织的规模扩大和程度加深。如欧洲经济共同体在统一市场建成的基础上向经济货币联盟迈进，并更名为欧洲联盟，成员现扩大为 27 国。同时美国和加拿大正式建立起自由贸易区，并通过纳入墨西哥而组建北美自由贸易区。而东南亚国家联盟扩大为 10 个国家，并正在向建成自由贸易区切实地推进。

20 世纪 90 年代以后，区域经济一体化的发展还突破了只在经济水平相近的国家间形成一体化组织的传统做法，出现了由经济发展水平悬殊的发达国家与发展中国家共同组建区域一体化组织的新趋势，如北美自由贸易区。而且区域一体化组织之间出现了跨洲合作的新现象，如亚欧之间的合作已向深层次、多领域发展。在新的世纪里，跨区域、跨洲的经济合作将得到进一步发展，区域经济合作的空间将不断扩大。

（二）主要区域经济一体化组织的发展

1. 欧洲联盟

欧洲联盟（简称"欧盟 EU"）是当今世界一体化程度最高的区域政治、经济集团组织。欧盟的前身是"欧洲共同体"，简称欧共体（EC）。1951 年，法国、德国、意大利、荷兰、比利时、卢森堡在巴黎签署了《欧洲煤钢共同体条约》。1957 年，上述六国在罗马签署了《欧洲经济共同体条约》和《欧洲原子能共同体条约》，统称《罗马条约》。1958 年，欧洲经济共同体和欧洲原子能共同体宣告成立。1965 年，上述六国在布鲁塞尔达成协议，将以上三个共同体合并，统称为"欧洲共同体"。为了推动欧洲一体化建设，1986 年，欧共体各成员政府首脑在卢森堡签署了旨在建立欧洲统一大市场的《欧洲单一文件》。1991 年，欧共体政府间会议在荷兰的马斯特里赫特签订了旨在使欧洲一体化向纵深发展和成立政治及经济货币联盟的《欧洲联盟条约》，也称为《马斯特里赫特条约》。1993 年，该条约获得所有成员批准并生效，欧洲联盟正式成立。

1999 年 1 月 1 日，欧洲单一货币———欧元诞生，从而使欧洲经济一体化建设植根于欧盟各成员的肌体之中。经过多年的规划和发展，欧盟在经济建设领域取得了巨大的成就，已成为目前世界上生产国际化、经济贸易一体化程度最高、影响最大的一体化组织。

2.北美自由贸易区

北美自由贸易区由美国、加拿大和墨西哥三国组成。最初在美国的积极活动和推动下，美国和加拿大两国于 1989 年 1 月 1 日起正式执行《美加自由贸易协定》。其后，美国、加拿大和墨西哥三国政府首脑于 1992 年 12 月 17 日签署了《北美自由贸易协定》，这成为美洲经济一体化的一个重要里程碑。该协定于 1994 年 1 月 1 日正式开始生效执行，北美自由贸易区宣布成立。北美自由贸易区的建立是发达国家和发展中国家在区域经济合作组织内实行垂直型国际分工的一种新的尝试，同时也是南北合作的一种新尝试。

1994 年 12 月，美洲 34 国领导人在美国迈阿密举行 27 年来的首次美洲国家首脑会议。同时，在这次首脑会议上，在美国的倡导下，与会成员还一致商定要以北美自由贸易区为基础，逐步向南扩展，以便最终于 2005 年 1 月 1 日正式组建西半球自由贸易区，即美洲自由贸易区。为此，各国首脑还签署了《原则宣言》和《行动计划》。进入 2002 年之后，北美自由贸易区在向中美洲和南美洲的扩展中取得了一定的进展，如美国与中美洲国家贸易协议谈判进程加快，帮助阿根廷、巴西和乌拉圭缓和金融危机等。

3.亚太经济合作组织

亚太经济合作组织创立于 1989 年。1989 年 1 月，澳大利亚总理霍克访问韩国时提出"汉城倡议"，建议召开亚太国家部长级会议，以讨论加强经济合作问题。经与有关国家探讨，1989 年 11 月 5—7 日，澳大利亚、美国、加拿大、日本、韩国、新西兰和东盟六国在澳大利亚首都堪培拉举行了亚太经济合作组织首届部长级会议，标志着亚太经济合作组织正式成立。1991 年，中国以主权国家身份，中国台北和香港以区域经济体名义正式加入了亚太经济合作组织。

1993 年 1 月 1 日，亚太经济合作组织秘书处在新加坡正式建立。1993 年 11 月，亚太经济合作组织第一次领导人非正式会议在美国西雅图举行，高官—部长级—首脑会议三个层次的决策机制得以形成，这次会议成了亚太经济合作组织发展进程中的一个里程碑。同年，墨西哥、巴布亚新几内亚、智利加入该组织。

1994 年 11 月，亚太经济合作组织在印度尼西亚茂物举行了第六届部长级会议和第二次国家首脑非正式会议，发表了《茂物宣言》，确定了发达国家在 2010 年前、发展中国家在 2020 年前实现区域内贸易和投资自由化的构想。各国一致同意在人力资源、基础设施建设、科学与技术、环境保护、中小企业发展和公共部门的参与等方面加强合作。1995年11月的大阪会议，亚太经济合作组织成员通过了《大阪宣言》和《行动议程》，提出了九大原则作为实现贸易与投资自由化的基础，以便实现长远目标。亚太经济合作组织当时的18个成员国（或地区）都做出了加快合作进程的承诺。大阪《行动议程》的通过和实施，标志着亚太经济合作组织由摇摆的阶段进入务实行动的阶段。

亚太经济合作组织目前共有21个成员，分别是澳大利亚、文莱、加拿大、智利、秘鲁、墨西哥、美国、俄罗斯、新西兰、韩国、日本、中国、中国台北、中国香港、马来西亚、新加坡、菲律宾、印度尼西亚、泰国、巴布亚新几内亚和越南。

三、区域经济一体化对国际贸易的影响

区域经济一体化是世界政治、经济发展的必然产物，它对世界经济贸易产生了较大的影响，主要表现如下。

（一）有利于经济一体化组织内部贸易的发展

一般的经济一体化组织成员之间通过削减关税或免除关税，取消贸易的数量限制，削减非关税壁垒，形成区域性的统一市场，使组织内成员之间拥有良好的贸易环境，从而促进了区内成员之间的贸易迅速增长，组织内部贸易在成员对外贸易总额中的比重明显提高。如20世纪50—70年代，欧共体内部贸易额占成员贸易总额的比重从30%提高到50%。如今欧盟内部交易额占到总贸易额的2/3，也就是说，欧盟的进出口贸易中有60%以上是在内部完成的，向美国出口还不到10%。

（二）有利于成员贸易地位的提高

经济一体化组织的建立，在推进成员经济发展的同时，使得成员在国际上的贸易地位也有所提高。在一些国际谈判中，可以一体化组织的名义联合起来进行谈判。如在《关税及贸易总协定》的多边贸易谈判中，欧共体以统一的声音同其他成员谈判，不仅增强了自己的谈判实力，也敢于同任何一个大国或贸易集团抗衡，一方面能维护自己的贸易利益，另一方面又能提升其在国际上的贸易地位。

（三）改变了国际贸易的格局

经济一体化组织内部贸易自由化，取消各种贸易壁垒，但组织外部无论是进口还是出口都存在着各种贸易壁垒，因而成员内部的贸易远远多于与非成员之间的贸易，导致世界贸易格局的改变。如拉美地区，在20世纪60年代的对外贸易主要是同美国进行的，拉美国家之间的往来非常少。但自成立区域经济一体化组织后，成员内贸易发展很快。如安第斯集团内部关税减免后促进内部贸易飞速发展。

（四）对一体化组织外的国家产生了一定的消极影响

其消极影响表现为：一方面对非成员的贸易量减少。由于一体化组织内部成员间的优惠并不给予非成员，从而使其同域外非成员的贸易额减少，表现出排他性的结果。如欧共体对美贸易占其总贸易额的比重从 1958 年成立时的 11.4% 降至 1982 年的 8.6%，对发展中国家的贸易份额下降更快，从 30.3% 下降到 20.4%。另一方面，对发展中国家出口及利用外资极其不利。由于经济一体化组织在内部实行贸易自由化的同时，仍保留对域外国家的贸易壁垒，这样使发展中国家的产品要进入发达国家组成的经济贸易集团内部与享受优惠的成员产品进行竞争，无疑是相当困难的，因而对发展中国家扩大出口造成障碍。另外，加之国际资本流向北美及欧洲、亚太一些发达国家，以减少这些区域经济一体化造成的消极影响，这样使发展中国家所需的资本更难以引进，从而阻碍了发展中国家经济贸易的发展。

第二节　国际资本移动

一、国际资本移动的含义和形式

（一）国际资本移动的含义

国际资本移动也称为国际资本流动，是指在一定时期内，各种资本在国际流动的总和。它包括国际直接投资和国际间接投资两大部分。

（二）国际资本移动的形式

1.按国际资本移动的期限（时间）长短划分

1）短期资本移动

短期资本移动是指投资期限在 1 年以下的国际资本移动。

2）中长期资本移动

中长期资本移动是指投资期限在 1 年以上的国际资本移动。有时将投资期限在 1~3 年的国际资本移动称为中期资本移动，3 年以上的国际资本移动则称为长期资本移动。

2.按国际资本移动主体的不同划分

1）私人国际资本移动

私人国际资本移动包括私营企业、跨国公司的投资和国际商业银行、国际银团的贷款。

2）政府贷款

政府贷款是指一国政府对其他国家的政府贷款，它具有一定的国际经济援助的性质。

3）国际金融组织贷款

国际金融组织贷款包括世界性的和区域性的两种国际金融组织贷款。国际金融组织贷款一般都具有优惠性。

3. 按投资方式划分

1）对外直接投资

对外直接投资是一个国家的投资者输出生产资本到另一个国家的厂矿企业进行投资，并由投资者直接参与该厂矿企业的生产经营和管理。

对外直接投资主要又可以分为以下五种形式。

（1）举办独资企业。即投入的资本完全由一国的投资者提供，外资股份为100％。可以通过建立新企业或全资收购现有的企业来进行。

（2）举办合资企业。即根据投资所在国法律，通过与该国企业签订合同，共同出资组建一家企业。按一定股权比例共同出资，共同管理，分享利润，共担风险。

（3）举办合作企业。即与投资所在国的企业通过投资进行合作经营。与合资企业的主要区别在于签约各方可不按出资比例，而按合同条款的规定确定出资方式、组织形式、利润分配、风险分担和债务清偿等权利和义务。

（4）收买外国企业的股权达到一定比例。对于这个比例，不同国家有不同的规定。按国际货币基金组织的规定，拥有25％投票权的股东，即可视为拥有直接控制权，这种投资就是直接投资。美国的规定为10％或以上。

（5）投资所得利润的再投资。投资者在国外直接投资所得的利润不汇回本国，而再投资于该企业。

2）对外间接投资

对外间接投资是一个国家的投资者以取得利息或股息、分得红利等形式的资本增值为目的，以被投资国的证券为主要对象的投资，其特点是投资者不直接参与这些所投资企业的经营和管理。对外间接投资包括证券投资和国际贷款。

（1）证券投资。证券投资是指投资者在国外市场上购买外国企业和政府的中长期债券，或在股票市场上购买上市的外国企业股票的一种投资活动。由于属于间接投资，证券投资者一般只能取得债券、股票的股息和红利，所对投资企业并无经营和管理的直接控制权。

（2）国际贷款。国际贷款种类很多，有政府援助贷款、国际金融机构贷款、国际金融市场贷款、出口信贷等。

① 政府援助贷款。政府援助贷款是各国政府或政府机构之间的借贷活动。这种贷款通常带有援助性质，一般是发达国家对发展中国家或地区提供的贷款。其特点是一

般利息较低，还款期较长，可达 20～30 年，甚至是无息贷款。

② 国际金融机构贷款。国际金融机构包括国际货币基金组织、国际金融公司、世界银行、各洲的开发银行和联合国的援助机构等。国际金融机构的贷款一般比较优惠，但受限制较多。

③ 国际金融市场贷款。国际金融市场分为货币市场和资本市场。前者是经营短期（1 年以内）资本借贷的市场，后者是经营长期（1 年以上）资本借贷的市场。国际金融市场贷款的特点是利率较高，但可用于借款国任何需要，对贷款的用途没有限定，比较自由。

④ 出口信贷。出口信贷是指一个国家为了鼓励商品出口，提高商品的竞争能力，通过其本国银行对本国出口厂商或国外进口厂商或进口方的银行所提供的贷款。这种信贷方式是当前比较流行的用来鼓励商品出口的政策措施。

对外直接投资与对外间接投资的主要区别有：① 对外直接投资的投资者对所投资企业具有有效控制权，而对外间接投资的投资者则无此控制权。依国际货币基金组织的制度，这种有效控制权是指投资者拥有所投资企业一定数量的股份，所以能行使表决权，并在企业的经营决策和管理中享有表决权。如果没有这种股权参与，即使能通过其他途径或方法对企业产生影响，也并不构成对企业经营管理的有效控制。② 一般来说，对外间接投资的收益是相对固定的，而大部分对外直接投资的收益是不确定的，是变动的，随投资企业的经营状况而变化。③ 一般而言，对外直接投资的风险要比对外间接投资的风险大。

二、第二次世界大战后国际资本移动的特点与原因

（一）第二次世界大战后国际资本移动的特点

1. 对外直接投资迅速发展并占主导地位，投资规模扩大

第二次世界大战前，国际资本移动是对外间接投资占主导地位，占整个国际资本移动的 90% 左右。第二次世界大战后，特别是 20 世纪 80 年代以来，对外直接投资的发展速度大大加快，1986—1990 年增长速度达 27.1%，1991—1995 年对外直接投资的增长速度为 15.1%。1887 年全球对外直接投资为 4242 亿美元，1996 年全球对外直接投资流出量达 3330 亿美元，到 2000 年全球对外直接投资总量达到创纪录的 12 710 亿美元。目前，2001—2003 年出现下滑，2003 年全球对外直接投资降到 5579 亿美元，2004 年开始随着发展中国家经济的强劲增长，全球对外直接投资又开始上升，到 2005 年达到了 9163 亿美元。主要工业发达国家国际资本流动的 75% 是对外直接投资。

2. 对外直接投资逐年上升后，近几年又呈下降趋势

20 世纪 90 年代，对外直接投资逐年递增，但到 2000 年到达顶峰后，随着萧条的

经济环境中企业投资不断减速、股价持续下跌以及一些行业活动调整放缓，全球对外直接投资逐年下降。对外直接投资总体下跌是与跨国并购剧减密不可分的。2000年全世界并购数目高达7894宗，2002年狂减至4493宗。2000年每宗并购交易的平均金额为1.45亿美元，2002年惨跌至8200万美元。2000年共有175宗10亿美元以上的并购交易，而2002年只有81宗，这是1998年以来最低的一年。

3. 国际资本移动的国别地区流向发生了较大变化

第二次世界大战后到20世纪60年代，国际资本移动是呈单向发展的，主要是西方发达资本主义国家流向发展中国家和一些前属领地。20世纪60年代末以来，国际资本移动逐步发展成为西方发达国家相互间的对流型移动，并且发达国家间的双向投资比重仍在继续提高。这些国际资本移动主要集中在欧盟、北美自由贸易区和以日本为中心的经济大三角之间，这些国家相互间的投资就占其对外投资总额的70%以上，而且有提高的趋势。如美国对发达国家直接投资累计额由57.1亿美元增至3121.9亿美元，增长了53.7倍，而对发展中国家和地区的直接投资由57.7亿美元增至1067.2亿美元，增长了17.5倍。另外，流入发展中国家和地区的国际资本越来越集中在少数新兴工业化国家和地区，特别是流向国际金融条件较好、经济增长速度较快、国内政治环境相对稳定的国家和地区，如中国、新加坡、韩国等。亚太地区的新兴工业化国家与地区吸收发达国家的对外直接投资占发达国家对发展中国家和地区对外直接投资的70%左右。其中，日本对亚洲的新加坡、韩国、我国台湾省和香港、泰国、印度尼西亚、马来西亚等的对外直接投资增长速度较为迅速。

4. 国际资本移动的部门结构基本向服务业、高新技术产业转移

第二次世界大战前，国际资本移动主要是发达国家流向落后国家，集中在采掘业和运输业及少量的制造业的投资。第二次世界大战后初期，国际资本主要流向采掘业和公共事业。20世纪60年代中期以来，转向制造业、商业、金融业、保险业、运输业等行业，尤其是银行和其他金融服务，是外资增长最快的行业。

5. 新兴工业化国家和地区的对外资本移动持续稳定发展

20世纪60年代后期以来，一些发展中国家和地区通过积极措施有效地引进外资和先进技术，大力发展经济贸易，使本国或本地区的经济实力大大增强，也从资本输入国转变为资本输出国。20世纪70年代中期以来，新兴工业化国家与地区的对外投资便显示出强大的增长趋势，如亚洲"四小龙"和巴西、阿根廷、墨西哥、印度尼西亚等国家和地区的对外直接投资发展速度较快。发展中国家和地区20世纪60年代中期对外投资仅15亿美元，70年代迅速增至100多亿美元。发展中国家对外直接投资占全球直接投资的比重，1980—1984年为5%，1990—1994年上升到10%，1996年达到510亿美元，比1995年增长54%，占当年世界直接投资总额3490亿美元的14.6%。到2005年，这个比重占到15.1%左右。当然，发展中国家对外直接投资仍主

要流向发展中国家和地区，而流向发达国家的比重则较小。

（二）第二次世界大战后国际资本移动的原因

1. 生产国际化、经济一体化促进了国际资本移动

这是第二次世界大战后国际资本移动，特别是对外直接投资迅速增长的客观基础。由于生产的国际化发展，各国在生产过程中实现专业化协作，使国与国间的投资成为可能。而经济一体化组织的资本等生产要素的自由移动，是各种一体化组织向前发展的必要条件之一。反过来，一体化组织的不断发展也促进了国际资本的移动。

2. 科学技术的迅速发展和新技术革命的兴起加速了国际资本的移动

科技进步引起世界各国产业结构的变动和调整，突出表现在发达国家把劳动力密集型的传统产业向发展中国家转移，与此同时，带动了对这些劳动力密集型产业部门的资本输出和输入。西方发达国家科学技术发展的不平衡也导致相互间资本的渗透。第二次世界大战后，美国在重化工业中的部分优势逐渐弱化，如轻工、船舶、化学工业等部门，欧共体和日本具有一定的技术优势，从而转向美国的这些产业部门进行投资。所以，技术差距的存在也成为发达国家间及发达国家与发展中国家间对外直接投资的原因之一。

3. 国际市场竞争加剧、贸易保护主义盛行刺激了对外直接投资的迅速增长

第二次世界大战后，由于资本主义经济较快发展，本国商品相对过剩，各国争夺国际商品市场，贸易摩擦不断出现，贸易保护主义盛行。特别是 20 世纪 70 年代中期以来，以非关税壁垒为主的新贸易保护主义泛滥，各国纷纷采取贸易保护的政策，特别是保护本国国内市场，贸易摩擦进一步加剧。而对外投资能使商品销售绕开及回避贸易对手设置的贸易壁垒。通过直接投资提高在当地生产的比重，便可占据对方市场，同时可以减缓贸易摩擦。

4. 跨国公司的发展是国际资本移动不断发展的必要条件

第二次世界大战后，跨国公司得以迅速发展，大量的对外投资就通过跨国公司来完成转移。反过来，资本的大量对外转移也促进了跨国公司的迅速发展。而跨国银行通过在国外的分支机构或国际联合银行等形式来经营国际性金融投资业务。这样，不但可以降低独家银行从事大规模国际借贷活动的风险，而且在较大程度上扩大了国际资本转移的规模和活动范围，大大促进了国际资本转移。

5. 发展中国家和地区经济实力的增强促进了对外投资也不断增加

20 世纪 70 年代以来，许多发展中国家和地区的工业化水平迅速提高，经济实力得以增强，产业结构也趋于高级化。这些国家和地区在一定程度上具备了参加国际投资活动的资本和技术能力，它们努力寻求国际分工中的比较优势，加强对其他较之相对落后的发展中国家和地区的直接投资，促进了资本移动。

三、国际资本移动对国际贸易的影响

国际贸易中的商品移动与资本移动是不同的，但由于资本移动对生产国际化和各国的专业化协作有一定影响，从而对国际分工产生深远的影响，不可避免地也将对国际贸易的各个方面产生影响。

（一）国际资本移动促进了第二次世界大战后国际贸易的发展

国际资本移动本身会直接或间接地带动商品的进出口。第二次世界大战结束不久，美国政府便开始向西欧和日本进行国家资本输出。美国进出口银行的贷款政策规定，所得贷款必须全部用于购买美国商品，而且货物须由美国船只装运，由美国保险公司保险。由此扩大了商品在国家间的流动，促进了国际贸易的发展。

第二次世界大战后，发达国家给予其他国家，主要是发展中国家的巨额官方或私人出口信贷，成为扩大发达国家大型成套机器设备出口的重要手段。第二次世界大战后，发达国家的跨国公司通过建立独资企业、合资企业以及各种非股权安排来保证原料长期稳定的供应，促进了初级产品的生产与贸易的发展。

资本输出国在减少了资本输出部门国内生产的同时，会发展起新的效率更高的部门，而资本输入国也会因资本输入而提高其生产能力和收入，最终双方的进出口能力都会因资本移动而得到提高。

（二）国际资本移动对国际贸易格局的影响

（1）国际资本移动对国际贸易地理分布的影响。一般来说，国际资本流动方向，也就是国际贸易的主要方向。第二次世界大战后，国际贸易70%以上是在发达国家间进行的。之所以如此，一方面是因为发达国家经济发展水平相似，生产、消费结构呈同步化；另一方面则与企业的直接投资行为密切相关。第二次世界大战后，发达国家集中了企业海外直接投资的75%以上，这种直接投资的地区格局致使发达国家间的分工与协作不断加强，促进了它们之间贸易的发展。

第二次世界大战后，虽然发达国家对发展中国家的直接投资在对外直接投资总额中的比重不断降低（20世纪90年代后有所变化），但绝对额仍在增加，再加之新兴工业化国家资本的注入，促进了发展中国家工业的发展，在带动发达国家资本设备出口的同时，扩大了发展中国家工业制成品的出口，加强了它们同发达国家及发展中国家之间的贸易关系。

（2）国际资本移动对国际贸易商品结构的影响。第二次世界大战后，随着资本输出的主要部门由初级产品部门转向制造业和服务业部门，工业制成品贸易和服务贸易在国际贸易中的份额日益上升，而初级产品的比重不断下降。与此同时，中间产品的比重持续增长，这在一定程度上与跨国企业的经营方式有关。跨国企业是从全球的角度出发，依照各地的具体条件进行资源配置的。其经营方式为内部企业间分工协作，定点生产、定点装配、定向销售，这样便会出现大量零部件在国家间的往返运输，由此增加了中间产品的贸易比重。

（三）国际资本移动加剧了国际贸易中的竞争和垄断

国际资本移动，特别是对外直接投资作为企业争夺国外市场的手段具有以下几个有利影响。

（1）便于搜集商业信息情报。投资企业可利用自身的优势及时、准确地收集当地市场的商业信息，并与其他地区建成信息网络，这对企业根据市场状况适时地调整生产、改进产品的销售都是有利的。

（2）增强产品的竞争能力。通过对外直接投资，就地生产、就地或邻近地区销售可以减少产品的运输成本和保险、保管等其他费用，并且在当地生产可利用当地各种丰富的资源以降低产品成本，从而提高产品的价格竞争能力，争夺市场份额。发达国家企业通常利用技术上的优势，通过对外直接投资的方式在国外设立企业，使用自己的专利和专有技术生产产品，在其他企业仿造或制造类似产品以前抢占当地市场，从而获得生产和销售该产品的垄断权。目前，发达国家双向投资的一个共同目标就是占领当地高技术产业市场，获得东道国的高新技术，提高企业自身的国际竞争能力。

（3）避免保护主义的贸易壁垒。随着发达国家间贸易摩擦的加剧，直接投资日益成为绕开贸易壁垒、占领对方市场的主要手段。通过在东道国投资设厂，投资企业就可以与东道国企业在同样的条件下竞争，实现当地生产，当地销售。此外，由于区域经济一体化的发展，贸易集团内部具有许多域外非成员不能享受的优惠，通过对外直接投资在当地设厂，就可以享受到这些优惠。

（四）国际资本移动使国际贸易方式多样化

传统的国际贸易主要由专业性进出口公司经营。第二次世界大战后，在国际资本移动中，随着跨国公司的对外投资迅速增加及其内部贸易的不断发展，跨国公司在海外纷纷设置自己的贸易机构或建立以贸易为主的子公司经营进出口业务，这与传统贸易相比，贸易中间商、代理商的地位相对下降。与此同时，资本移动还产生了一系列新的贸易方式，如加工装配贸易、补偿贸易、国际租赁业务和国际分包合同等形式。

（五）国际资本移动使各国贸易政策发生了变化

在国际资本移动的发展过程中，跨国公司作为国际资本移动的载体起着重要作用。跨国公司经营活动的顺利开展与其所处的贸易环境密切相关，贸易自由化是前提，因而跨国公司通过对本国政府施加压力，调整本国政府的贸易政策，要求政府为其创造良好的贸易环境。

（六）国际资本移动加剧了发达国家贸易发展的不平衡

发达国家贸易发展不平衡的原因是多方面的，其中对外直接投资起了重要作用。它不仅影响各国生产结构的变革，而且影响各国产品在国际市场上的竞争能力，从而导致不平衡发展。

第三节　跨国公司

一、跨国公司的定义与特征

（一）跨国公司的定义

跨国公司又称为多国公司、国际公司。根据联合国跨国中心组织的定义，跨国公司是指设在两个或两个以上国家的实体，在一个决策体系中进行经营的企业。跨国公司必须具备三个要素：第一，跨国公司必须是一个工商企业，位于多国的经营实体，母公司通过股权或其他方式对其他实体进行管理；第二，跨国公司必须有一个中央决策体系，具有共同的全球经营战略和协调一致的共同政策、策略；第三，跨国公司内的各个实体分享资源、信息，共同承担责任。

（二）跨国公司的特征

1. 实行全球化经营战略

跨国公司有全球性的战略目标和战略部署。所谓全球战略，是指跨国公司将其全球范围的经营活动视为一个整体，其目标是追求这一整体利益的最大化，而不考虑局部利益的得失。跨国经营的主要方式是商品贸易、直接投资和技术转让。为实现公司全球利益最大化，公司要在世界范围内考虑原料来源、劳力雇佣、产品销售和资金利用；要充分利用东道国和各地区的有利条件从事国际化生产，并借助其全球的庞大销售网络行销其产品。这在客观上要求公司把商品贸易、直接投资、技术转让三者结合起来，相互利用，从公司的整体利益以及未来发展着眼，进行全面安排。

2. 公司内部一体化经营

跨国公司的总公司与子公司、子公司与子公司虽然分散在各国经营，但通过集中决策的管理体制，使总公司与子公司、子公司与子公司之间形成一个整体。总公司拥有重大事宜的最终决定权，并为公司的发展明确方向，通过集中统一的指挥方式将各个子公司的分散经营活动有机地结合起来。如一子公司东道国的投资环境及市场恶化，一方面需要子公司灵活经营，降低风险；另一方面通过总公司集中决策，与其他子公司进行内部贸易等来转移风险。虽然跨国公司拥有众多的子公司，且分布于世界各地，但由于实现了内部一体化，它们就像一个被严密控制的单一企业那样位于被国界分开的许多市场，在几个国家之间从事经营。

3. 公司规模庞大，实力雄厚

跨国公司都是在一个或几个部门居于垄断地位的国际化大企业或企业的联合体。它们拥有先进的技术和丰富的管理经验、多样化的产品、雄厚的资金、全球性的营销网络及发达的商业信息网。目前，全球的跨国公司大约有 6.5 万家。这些跨国公司拥有大约 85 万家国外分支机构。2005 年，这些分支机构的雇员大约有 8700 万人，其出口量约占全球出口量的 1/3。

4. 经营多样化

跨国公司的国际一体化生产体系，无论是垂直一体化，还是水平、混合一体化，其产品必定是多样化的。多样化是跨国公司发挥其经营优势、降低风险的重要措施，而一般企业限于经营规模和资金实力则难以实现多样化。同时，多样化经营能将市场进行细分，可以更适应不同层次、不同类型的市场需求，满足消费者的需要。如肯德基在中国就采取了"全球产品—地方口味"的策略，推出老北京鸡肉卷，以符合中国消费者的口味。

二、跨国公司的形成与发展

（一）跨国公司的形成

跨国公司产生历史最早可追溯到 15 世纪末 16 世纪初，但当时的跨国公司主营的业务是贸易，所以主流观点认为，当时这种以贸易为主要业务的公司就是一种跨国公司的雏形，或称为跨国贸易商社。

现代意义上的跨国公司起源于 18 世纪 60 年代。当时一些发达资本主义国家的大型企业通过对外直接投资，在海外设立分支机构和子公司，其中最具有代表性的跨国公司有：1865 年，德国弗里德里克·拜耳化学公司在美国纽约州的奥尔巴尼开设一家制造苯胺的工厂；1866 年，瑞典的阿佛列·诺贝尔公司在德国汉堡开设了一家炸药厂；美国的胜家缝纫机公司在 19 世纪 50 年代中期在加拿大、拉丁美洲和欧洲设立了销售点，1867 年，该公司在英国的格拉斯哥设立了第一家工厂，1889 年，该公司又在伦敦和汉堡等地设立了负责在世界各地销售业务的销售机构。

跨国公司的对外直接投资这一资本输出方式，在 19 世纪中期还为数极少，只有个别资本主义强国才能做到。19 世纪末 20 世纪初，资本主义进入垄断阶段。随着垄断企业生产能力的扩大和垄断程度的提高，国内投资的边际收益日趋减少，这就出现了所谓的过剩资本。出于对利润的追求，资本家开始把资本投向国外，资本输出不断增加，作为资本输出的重要工具，跨国公司也逐渐发展起来了。一些大公司，如福特汽车公司、爱迪生电气公司、英荷壳牌公司等，纷纷在国外设立分厂或分公司，国内工厂与国外工厂开始同时生产和销售。

（二）跨国公司的发展

第二次世界大战后，对外直接投资的迅猛发展促进了跨国公司的发展。根据联合国跨国公司中心的统计，从1949年至1978年这一时期，全世界跨国公司的数量从512家增至10 727家，子公司和分支机构至少有82 266家，其投资范围迅速扩大，跨国公司的投资所在地已超过160个国家和地区。在这一阶段，美国的跨国公司数量超过了英国，成为世界上跨国公司最多的国家。

进入20世纪80年代后，跨国公司经历了一个快速发展时期，全世界总的对外直接投资在80年代已超过5000亿美元。到1989年，全世界跨国公司总数已增加到3.5万家，子公司达1.5万家，跨国公司已形成了庞大的遍布全球的网络体系。

进入20世纪90年代后，跨国公司的发展不再集中于个别发达国家，而是出现了全球化趋势，发展中国家，特别是新兴发展中国家和石油输出口的跨国公司得到较大发展。到1998年，在全球500家最大公司中，发展中国家和地区占25家。虽然大部分的跨国公司仍在发达国家，但发展中国家的跨国公司成为向发达国家跨国公司挑战的新生力量。对于全世界的跨国公司来讲，其生产总值占全球各国国内生产总值的近30%，跨国公司内部和跨国公司之间的贸易均占世界贸易总额的1/3。规模庞大的跨国公司已成为影响国际贸易、国际金融和国际技术转移的重要力量。

（三）第二次世界大战后跨国公司迅速发展的原因

第二次世界大战后，跨国公司迅速发展有其政治和经济上的多方面原因，总结起来有以下几点。

1.科技革命和社会生产力发展的必然结果

第二次世界大战后，发生了以原子能、电子计算机、高分子、航天航空、光纤等技术为标志的第三次科技革命。科技革命使生产力发展超越国界，不仅商品和货币的国际流通日趋扩大，生产活动本身的国际化也不断加强。而企业的发展日益受到资源和市场的约束，企业为了提高效率，必须在全球范围内布局生产和销售，到最有利的地方去投资设厂，设置最有利于全局的销售点。同时，社会生产力的发展改进了运输工具和通信联络方式，为跨国公司的国际化生产经营提供了物质条件。

2.第二次世界大战后的贸易保护主义促进了跨国公司的发展

第二次世界大战后，各国在相当长的时期内受到新贸易保护主义的影响，在努力扩大出口、扩大海外销售市场的同时，设置了各种严格的关税及非关税壁垒来限制进口。针对这种情况，跨国公司通过扩大对外直接投资，以就地生产、就地销售的方法避开该国的贸易壁垒，达到扩大市场份额、占领该国市场的目的。

3. 各国政府对跨国公司发展的大力扶持与鼓励

第二次世界大战后，发达国家以市场不稳定为借口加强了对经济的干预。为了帮助本国企业的对外扩张，各国政府采取了各种措施支持跨国公司的发展。例如，为跨国公司提供优惠信贷支持；利用税收优惠或参与的方式支持企业的 R & D（研究与发展）活动，以提高其竞争力；由政府出面协调国际关系，签订避免双重课税协定，以改善跨国公司的投资环境，减轻其纳税负担等。

4. 第二次世界大战后发展中国家对发展民族经济的要求

第二次世界大战后，发展中国家由于先天不足，发展民族经济普遍缺乏技术、资金和管理经验。为了吸引发达国家跨国公司的技术、资本和管理，对跨国公司采取的许多优惠政策待遇，对跨国公司的发展起到了有利的推动作用。与此同时，近年来，发展中国家企业随着自身实力的增强和政府的直接支持，也出现了一些跨国公司。

三、跨国公司对国际贸易的影响

（一）促进了国际贸易的增长

跨国公司推动了第二次世界大战后国际贸易的发展，促进了国际贸易的增长。跨国公司在全球范围内进行生产和销售。为了使这种国际化经营得以顺利进行，跨国公司的母公司与分布在世界各地的子公司以及各子公司之间频繁地进行着从原材料到中间品、制成品以及生产技术的跨国转移。这种跨国公司内部贸易的数量和金额越大，国际贸易的数量和金额就越大。

跨国公司及其分支机构除了进行内部贸易，还和外部企业发生交易行为。随着跨国公司及其分支机构在世界范围经济活动的扩大，与国外贸易伙伴发生的贸易也随之扩大。

（二）改变着市场结构和国际贸易方式

随着跨国公司对发展中国家的直接投资的急剧增加，发展中国家和发达国家的国际分工布局也有所改变，特别是工业化程度较高的发展中国家，与发达国家的关系逐渐由垂直分工转向水平分工，贸易结构也从传统的产业间贸易为主转向产业内贸易为主。例如，我国改革开放以来，大量的外国直接投资改善了我国的出口商品结构，促进了我国的产业升级，使我国加快了和发达国家水平分工的进程。

另外，跨国公司利用内部贸易将外部市场内部化，以协调母公司与子公司及其分支机构之间的业务，通过转移定价来实现全球经营整体利益的最大化。跨国公司的这些行动在一定程度上改变了国际贸易的市场结构，使按照供求关系形成的价格和市场透明度都有一定程度的扭曲，按照自由竞争的原则进行的交易也日趋减少；而通过跨国公司的"内部市场"，利用划拨价格进行的交易日益扩大。随着跨国公司活动的加强，贸易方式也从传统的国与国之间的谈判与订货转向来料加工、补充贸易和回购贸易等。

（三）影响国际贸易的商品结构

第二次世界大战后，国际贸易商品结构呈现出初级产品比重不断下降、制成品比重日益上升的趋势，这与跨国公司对外投资主要集中在制造业部门，尤其在资本、技术密集型产业有关。在发达国家，跨国公司投资主要集中在资本密集型的新兴产业部门。在发展中国家，由于当地政府的压力，跨国公司投资被迫退出采掘业等初级产品部门，逐步将其投资放在部分劳动和资源密集型的部门，同时也加大了对金融、保险、通信等服务业部门的投资，这种投资格局使初级产品贸易比重逐渐下降。同时，跨国公司利用丰厚资金与先进技术加强人造原料和合成材料的研制与生产，部分取代了天然原料，也导致了原材料国际贸易比重的下降。

第四节　服务贸易和国际技术贸易

一、服务贸易的含义和范围

（一）服务贸易的含义

服务也称作劳务，是指人们以提供活劳动的方式来满足生产和生活的各种需要的一种经济活动。这种活动之所以称为劳务（服务），是因为这种活动创造的使用价值不是物，而是提供服务，是一种特殊的活动。服务贸易是指国际贸易过程中的各种服务活动。根据世界贸易组织《服务贸易总协定》第1条服务贸易的定义，服务贸易指：① 从一成员境内向任何成员境内提供的服务；② 从一成员境内向任何其他成员的服务消费者提供的服务；③ 某一成员的服务提供者在任何其他成员境内以自然人的存在提供的服务；④ 某一成员的服务提供者在任何其他成员境内以商业存在提供的服务。

服务贸易可以分为国内服务贸易和国际服务贸易。通常意义上的服务贸易多指国际服务贸易，即国家或地区之间服务输入（进口）和服务输出（出口）的一种贸易形式。从一个国家的角度来看，凡是通过对国外提供一定的劳动活动并取得外汇收入，即构成该国的服务出口；凡是接受国外的劳动活动并付出外汇，即构成该国的服务进口。

国际服务贸易不能等同于国际无形商品贸易，而是国际无形商品贸易的重要组成部分，因为国际无形商品贸易除了服务贸易的各项内容外，还包括国际直接投资的收益、捐赠、侨汇等。

（二）服务贸易的范围

根据《服务贸易总协定》的规定，服务贸易的范围包括以下几类。

1. 商业性服务

商业性服务是指在商业活动中涉及的服务交换活动。服务贸易谈判小组列出了以下六类这种服务，其中既包括个人消费的服务，也包括企业和政府消费的服务。

（1）专业性（包括咨询）服务。专业性服务包括法律服务、工程设计服务、旅游机构服务、城市规划与环保服务、公共关系服务，涉及上述服务项目的有关咨询服务活动和安装及装配工程服务（不包括建筑工程服务）。

（2）计算机及相关服务。这类服务包括计算机硬件安装的咨询服务、软件开发与执行服务、数据处理服务、数据库服务及其他。

（3）研究与开发服务。这类服务包括自然科学、社会科学及人类学中的研究与开发服务，在纪律约束下的研究与开发服务。

（4）不动产服务。这类服务是指不动产范围内的服务交换，但是不包含土地的租赁服务。

（5）设备租赁服务。这类服务主要包括交通运输设备（如汽车、飞机、船舶等）和非交通运输设备（如计算机、娱乐设备等）的租赁服务。但是，不包括其中有可能涉及的操作人员的雇用或所需人员的培训服务。

（6）其他服务。有生物工艺学服务，翻译服务，展览管理服务，广告服务，市场研究及公众观点调查服务，管理咨询服务，与人类相关的咨询服务，技术监测及分析服务，与农业、林业、牧业、采掘业、制造业相关的服务，与科技相关的服务，建筑物清洁服务，摄影服务，包装服务，印刷出版服务，会议服务等其他服务。

2. 通信服务

通信服务主要是指所有有关信息产品操作、储存设备和软件功能等服务。通信服务由公共通信部门、信息部门、关系密切的企业集团和私人企业间进行信息转接和服务提供。它主要包括邮电服务、信件使用权服务、视听服务、其他电信服务等。

3. 建筑服务

建筑服务主要是指工程建筑从设计、选址到施工的整个服务过程。具体包括：选址服务，涉及建筑物的地址选择及国内建筑工程项目（如桥梁、港口、公路等）的地址选择，建筑物的安装及装配工程，工程项目的施工建筑，固定建筑物的维修等其他服务。

4. 分销服务

分销服务是指产品销售过程中的服务。它主要包括批发现代化建设服务、与销售有关的代理、特许经营服务和其他销售服务等。

5. 教育服务

教育服务是指各国间在高等教育、中等教育、初等教育、学前教育、继续教育、特殊教育和其他教育中的服务交往，如互派留学生、访问学者等。

6. 环境服务

环境服务是指污水处理服务、废物处理服务、卫生及相关服务等。

7. 金融服务

金融服务主要是指银行和保险业及相关的金融服务活动。包括以下两类服务。

（1）银行及相关的服务：银行存款服务、与金融市场运行管理有关的服务、贷款服务、与债券市场有关的服务，主要涉及经纪业、股票发行和注册管理、有价证券管理等；附属于金融中介的其他服务，包括贷款经纪、金融咨询、外汇兑换服务等。

（2）保险服务：货物运输保险，其中含海运、航空运输及陆路运输中的货物运输保险等，具体包括人寿保险、养老保险或年金保险的服务，例如保险经纪业、保险类别咨询、保险统计和数据服务及再保险服务等。

8. 健康及社会服务

健康及社会服务主要是指医疗服务、其他与人类健康相关服务、社会服务等。

9. 旅游及相关服务

旅游及相关服务是指旅馆、饭店提供的住宿、餐饮及相关的服务、旅行社及导游服务等。

10. 文化、娱乐及体育服务

文化、娱乐及体育服务是指包括广播、电影、电视在内的一切文化、娱乐、新闻、图书馆、体育服务，如文化交流、文艺演出等。

11. 交通运输服务

交通运输服务主要包括货物运输服务，如航空运输服务、铁路运输服务、管道运输服务、内河和沿海运输服务、公路运输服务、航天发射服务、船舶服务（包括船员）；附属交通运输的服务，主要指报关行服务、货物装卸服务、仓储服务、港口服务、起航前查验服务等。

二、国际技术贸易

（一）国际技术贸易概述

国际技术贸易是指不同国家的企业、经济组织或个人之间，按照一般商业条件，向对方出售或从对方购买软件技术使用权的一种国际贸易行为。它由技术出口和技术引进这两个方面组成。简言之，国际技术贸易是一种国际的以技术的使用权为主要交易标的的商业行为。

国际技术贸易是以无形的技术知识作为主要交易标的的,这些技术知识构成了国际技术贸易的内容,它主要包括专利、商标和专有技术。商标虽不属于技术,但它与技术密切相关,所以常将它作为国际技术贸易的基本内容之一。

1. 专利

根据世界知识产权组织的定义,专利是"由政府机构(或代表几个国家的地区机构)根据申请而发给的一种文件,文件中解释一项发明并给予它一种法律上的地位,即此项得到专利的发明,通常只能在专利持有人的授权下,才能予以利用(制造、使用、出售、进口)。对专利保护的时间限制一般为 15 年至 20 年"。

专利权是以技术发明为对象,依据法律,经申请批准获得的财产独占权。在商品经济关系中,它反映的是国家与获得专利权的技术发明人、发明人与第三者之间的权利关系,属于社会关系范畴。专利权有以下几个特点。

(1)专利权是一种法律赋予的权利。发明人通过申请并经专利机关审查批准,使他的发明获得了法律地位而成为专利发明,而他自己同时也因此获得了专利权,这种权利的产生与物权的自然产生是不同的。

(2)专利技术是一种知识财产、无形财产。专利权是一种特殊的财产权。

(3)专利权是一种不完全的所有权。专利权的获得是以发明人公开其发明的内容为前提的,而公开了的知识很难真正为发明人所独有。

(4)专利权是一种排他性(独占性、专有性)的权利。对特定的发明,只能有一家获得其专利权,也只有专利权人才能利用这项专利发明,他人未经专利权人的许可,不能使用该专利发明。

(5)专利权是一种有地域性的权利。专利权只在专利权批准机关所管辖的地区范围内发生效力。

(6)专利权是一种有时间限制的权利。专利权的有效期一般为 10 ~ 20 年,超过这个时间,专利权即失去效力。

2. 商标

商标是商品生产者或经营者为了使自己的商品同他人的商品相区别而在其商品上所加的一种具有显著性特征的标记。常见的商标是文字商标和图形商标。国外有立体商标,如"可口可乐"饮料瓶子的特殊形状,还有音响商标、气味商标等形式。商标大体上可分为三类:制造商标、商业商标和服务商标。

商标权是商标使用者向商标管理部门申请注册并得到批准的商标专用权。但在少数国家,商标权是由于商标的首先使用而获得的。在我国,商标权是以先注册原则而取得的。商标权的内容包括使用权、禁止权(禁止他人使用)、转让权、许可使用权和放弃权。商标权受专门法律《中华人民共和国商标法》的保护。

商标权有以下几个特点。

（1）商标权是一种排他性权利。

（2）商标是一种无形的知识财产。商标权是一种特殊的财产权。

（3）商标权是有时间性但又可无限延期的权利。与专利权期满不可延期不同，商标权到期可延长期限，且延期次数、时间不限。

（4）地域性。商标权只在注册机构所管辖地区范围内有效。

3.专有技术

专有技术的一般含义是指为制造某一特定产品或使用某一特定工艺所需要的一切知识、经验和技能。它包括各种工艺流程加工工艺、产品设计、图纸技术资料、配方和技术规范等秘密的技术知识，在有的情况下，还包括有关管理、商业、财务等方面的内容。

专有技术可以是产品的构思，也可以是方法的构思，它在不少方面与专利技术不同。具体表现在以下几个方面。

（1）专利技术必须是可以通过语言来传授的，专有技术虽然也是可以传授的，但它未必都是可言传的，有些只能通过"身教"才能传授。

（2）专有技术是处于秘密状态下的技术，而专利技术是公开技术。

（3）专有技术没有专门的法律保护，所以它不属于知识产权。

（4）专利技术是被专利文件固定了的静态技术，而专有技术则是富于变化的动态技术。

（5）专利技术受保护或被垄断的期限是有限的（最多20年），而专有技术是靠保密而垄断的，因而它被垄断的期限是不定的。

专有技术也是一种无形的知识财产，它除需要用保密手段得到保护以外，也需要法律的保护。在实际中，专有技术主要是通过援引合同法、防止侵权行为法、反不正当竞争法和刑法来取得保护的，但专有技术受法律保护的力度远比专利技术受到专利法保护的力度小。

（二）国际技术贸易的方式

国际技术贸易采用的方式主要有许可证贸易、咨询服务和技术服务、特许专营、合作生产，以及含有知识产权和专有技术转让的设备买卖等。

1.许可证贸易

许可证贸易又称为许可贸易，是指知识产权或专有技术的所有人作为许可方，通过与被许可方（引进方）签订许可合同，将其所拥有的技术授予被许可方，允许被许可方按照合同约定的条件使用该项技术制造或销售合同产品，并由被许可方支付一定数额的技术使用费的技术交易行为，是国际技术贸易最主要和最基本的方式。

许可证贸易按其标的内容可分为专利许可、商标许可、计算机软件许可和专有技术许可等形式。在国际技术贸易实践中，一项许可证贸易可能包括上述一项内容，如单纯的专利许可，也可能包括上述两项或两项以上内容，成为一揽子许可。

2. 咨询服务和技术服务

咨询服务和技术服务是双方当事人通过签订协议或技术合同，由技术的提供方就某项工程技术课题、人员培训、企业管理和产品销售等向技术接受方提供咨询或传授技术、技巧等的商业营利性服务。

咨询服务和技术服务的范围和内容相当广泛，包括产品开发、成果推广、技术改造、工程建设、科技管理等方面，大到大型工程项目的工程设计、可行性研究，小到对某个设备的改进和产品质量的控制等。

3. 特许专营

特许专营是指由一家已经富有成功经验的企业将其商标、商号名称、服务标志、专利、专有技术以及经营管理的方式或经验等全盘地转让给另一家企业使用，由后一家企业（被特许人）向前一家企业（特许人）支付一定金额的特许费的技术贸易行为。

它是近二三十年迅速发展起来的一种新型商业技术转让方式。特许专营的受方与供方经营的行业、生产和出售的产品、提供的服务、使用的商号名称和商标（或服务标志）都完全相同，甚至商店的门面装潢、用具、职工的工作服、产品的制作方法、提供服务的方式也都完全相同。但使用同一商号名称的特许专营企业并不是由一个企业主经营的，被授权人的企业不是授权人的分支机构或子公司，也不是各个独立企业的自由联合。它们都是独立经营、自负盈亏的企业。授权人不保证被授权人企业一定能获得利润，对其企业的盈亏也不负责任。例如，美国的麦克唐纳快餐店在世界各地都有它的被授权人，它们所提供的服务同美国一样，所生产和销售的汉堡包的味道也完全一样，但各个快餐店自负盈亏。

4. 合作生产

合作生产是本国企业和外国企业依据共同签订的协议或合同，分别生产同一产品的不同零部件，然后由一方或双方装配成为成品出售，或者双方按协议或合同规定的规格、品种、数量分别制造双方所需的零部件，相互交换，然后各自组装成自己的产品出售。因此，合作生产对双方企业都有利。合作生产中的一方或各方拥有生产某种合同产品的特别技术，在合作生产过程中通过单向许可或双向交叉许可的方式，或者再辅以一定的技术服务咨询，从而实现国际技术转让。

5. 含有知识产权和专有技术转让的设备买卖

含有知识产权和专有技术转让的设备买卖，其交易标的包含了两个方面的内容：一是硬件技术，即设备本身；二是软件技术，即设备中所含有的或与之有关的技术知识。这些技术知识又分为两个部分：一部分属于一般的技术知识；另一部分是专利技术和专有技术。这种设备的成交价格中不仅包括设备的生产成本和预得利润，而且也包括有关的专利或专有技术的价值。在这种设备的买卖合同中含有专利和专有技术许可条款以及技术服务和咨询条款。

在国际贸易实际业务中，在购买设备特别是关键设备时，有时也会含有知识产权或专有技术的转让内容。这种设备买卖也属于技术贸易的一种方式。但是，单纯的设备买卖，即不含有知识产权和专有技术许可的设备的买卖属于普通商品贸易，不是技术贸易。

第四章 经济贸易与区域经济分析

经济贸易与区域经济发展的关系是经济学中最重要的知识体系。经济贸易是一个国家市场经济的最重要的组成部分，经济贸易的蓬勃发展有利于促进国内区域经济的快速发展。区域经济是指地理位置相近、文化底蕴相似或经济发展程度差不多的国家形成的一个区域整体，以达到共同进步、共同发展。

第一节 国际经济贸易对我国区域城乡收入差距的影响

城市的经济发展有着多种产业相结合的优势，并且能够从外部引入资本和能源，更好地推动城市经济的发展；而农村经济的发展由于产业模式较为单一，传统的经济模式影响深远，这是我国城乡收入差距大的重要原因。在我国实行改革开放以来，国际经济贸易迅速发展，商品、服务及技术的进出口给城市经济的发展提供了巨大的推动力量，也使得城乡收入的差距日益扩大。由此可以看出，国际经济贸易对我国区域城乡收入差距是有很大影响的，我们必须对这种影响进行细化分析，才能更好地寻找解决的措施、办法，缩小城乡收入的差距，促进整体经济的健康协调发展。

一、国际经济贸易对我国区域城乡收入差距的影响及原因分析

（一）从全国范围来看，国际经济贸易加剧了我国区域城乡收入差距

自改革开放以来，我国的国际贸易长期处于超差状态，大量的资本进入国内，拉动了城市经济的整体发展，使城市经济的发展进入了一个飞跃式的进步时期。

在这种情况下，城市经济收入远远高于农村地区，并且随着国际贸易的深入进行，这种情况将一直持续相当长的一段时间。而农村地区在国际经济贸易中处于劣势地位，对国际贸易中的资源、技术、信息等掌握水平十分落后，使得农村地区得自国际贸易的收入十分短缺，往往局限于劳动力出口的形式。这种优劣势的地位及发展状况使得在国际经济贸易下我国区域城乡收入差距被进一步拉大。

（二）不同区域间的收入差距影响不同

在国际经济贸易中，东南部沿海地区由于对外贸易的地理位置优势及国家的经济政策影响，国际贸易的水平和规模都较高，城乡收入差距也随着对外贸易的展开进一步缩小。造成这种收入差距缩小趋势的原因主要在于，在国际贸易市场中，区域贸易与国际贸易接轨，各种信息、资源等能够公开透明地体现在贸易环境中，城市和乡村都能够以平等的地位发挥自身优势加入国际贸易之中。农村地区的各种资源及原材料等都较为丰富，也能以其自身优势参与到国际贸易中并获得更多的利益收入，这样就促进缩小了城乡收入的差距。同时，在国际贸易的经济收益刺激下，农村民众的竞争意识及贸易能力也得到了提高，能够积极主动地依靠自身优势促进自身收入的增加。与东南部沿海区域相比，我国中西部区域的城乡收入差距则呈现出一种因国际贸易的开展日益加剧的形势。造成这种形势的原因在于我国的对外经济贸易的侧重点在东南部地区，虽然中西部地区近年来的国际贸易水平也处于增长的状态，但国际贸易的参与程度、规模及信息、资源、技术的获取能力与东南部地区相比都是比较落后的。在这种情况下，国际贸易的参与主体往往是城市的优势产业、特色行业等，农村地区很少甚至基本没有参与到国际经济贸易中，这就造成了城市收入因国际贸易的带动而逐步提升，而农村地区则没有这种经济推动的收益，收入水平虽然也缓慢增长，但和城市收入相比，收入差距日益增加。

（三）不同阶段的收入差距影响不同

这里讲的不同阶段是指国际经济贸易的发展阶段。在国际经济贸易发展前期，能够缩小城乡收入差距；在国际经济贸易发展到一定程度时，对城乡收入差距没有明显影响；在国际经济贸易进一步发展的情况下，拉大了城乡收入差距。造成这种阶段性影响的原因在于：在国际经济贸易初期，贸易水平较低，城乡经济主体对国际经济贸易的资源和信息掌握程度相对均衡，在国际经济贸易中的收益也处于均衡状态，尤其农村的劳动力资源优势比较明显，所以在国际经济贸易初期，城乡收入差距处于缩小的趋势；随着国际经济贸易水平和规模的扩大，城市经济主体的参与能力与参与程度进一步加深，在资源、信息、技术等方面的掌握上具有优势地位，在国际经济贸易中的收益比例也逐渐超过农村地区，这就拉大了城乡收入差距。也就是说，国际经济贸易对城乡收入差距的影响呈 U 形，即收入差距水平从缩小到平稳再到拉大的一个影响过程。

二、缩小国际经济贸易背景下我国区域城乡收入差距的对策建议

在国际经济贸易背景下，对我国区域城乡收入差距有着不同的影响体现，我们要

在充分分析影响原因的前提下，积极探索相关措施，缩小我国区域城乡收入差距，促进整体经济的共同发展提高，提升我国的现代化建设速度和提高人民生活水平。

（一）政策制度上引导中西部地区国际经济贸易的发展

从国际经济贸易能够缓解东南沿海区域城乡收入差距的现状来看，从全局角度出发，必须加强中西部地区国际经济贸易的发展。在促进贸易发展的过程中，政府部门及各职能部门应出台相关的政策措施，促进全国范围内，尤其是中西部地区的国际贸易发展。例如，对区域经济发展有重要促进作用的产业，政府要大力扶持，加强资源、技术，人才的投入，在政策资金上进行鼓励性支持并积极吸引外资进行融合，积极参与国际经济贸易；对关系国计民生的农业产业方面，政府要保证农业的收入水平和农民的利益，加大对农业基础设施的投入和政策支持，创新农业发展模式，提高农业科技水平，推广先进农业技术，提高农产品的质量及产量，以高质量的农产品打开国际市场，对外出口参与国际经济贸易；针对中西部地区地理位置的劣势地位给予政策上的鼓励支持，促进中西部地区中小企业的发展及农业产业化的进程，协调各地信息资源促进中西部地区城乡收入水平的提高，打击各种形式的地方保护主义政策，制定合理有效的引资政策吸引外资；在政策的制定上有倾向性地向中西部地区倾斜，促进中西部地区城乡产业参与国际经济贸易能力的提高。

（二）加快城乡一体化进程，加快农村城镇化发展的步伐

在国际经济贸易的背景下，只有加快城乡一体化的水平，促进城乡共同发展，才能使城市与乡村共同在国际经济贸易中收益，缩小城乡收入差距。首先，在制度上，加强城乡经济的交流水平，打破传统的城乡二元经济结构，促进城乡经济之间的全方位交流，将城市的先进技术和设备引入乡村促进发展，将乡村的优秀劳动力资源和生产资源引入城市补足城市发展所需，从而促进城乡经济的共同发展。其次，加大对农业第三产业的扶持力度，对乡村的农产品进行工业化的加工，保证农产品质量和市场竞争力，使农业产品在国际经济贸易中占有一定地位，缩小城乡收入差距。

（三）建立城乡协调发展的经济体制，促进农村经济发展

在城乡收入差距的现状下，只有改善农村的经济体制，提高农村的经济水平，才能逐步缩小城乡收入差距。在改善农村经济体制的过程中，必须依靠城市的先进经济模式来进行城乡协调发展的经济模式建设，以农村广大的土地资源和丰富的劳动力资源为基础，将各类市场主体引入农村，带动农村经济的发展，为农业产业化的进步注入新的活力，建立具有市场竞争力的大规模产业发展模式，促进农村经济的发展，从而缩小城乡收入差距。

（四）调整传统的收入结构模式

为缩小国际经济贸易背景下的城乡收入差距，必须要调整传统的收入结构模式，改变农村收入模式的落后地位，使农村摆脱依靠土地及农作物的经济来源模式，在城市带动农村、工业促进农业发展的模式下，拓宽农业收入的来源渠道，提高农村的整体经济水平。

（五）加强对农村政策、资金、教育上的投入力度

缩小我国区域城乡收入差距的根本点在于农村经济的发展，要想更好地发展农村及农业产业，政府必须在政策上进行支持、在资金上进行扶持、在教育上加大投入。在政策上的扶持能够使农村发展吸收更多的外来投资，加快资本向农村的转移过程；在资金上的扶持能够强化农村的基础设施建设，对典型模范经济点进行支持能够带动整体区域的产业发展和经济水平提高；在教育上的投入能够提升农村劳动力的素质水平、提升农村劳动力资本、提高农村地区的文化程度。同时，要提高农村地区的产业意识和产业认知，增强农村地区对市场信息及贸易环境的熟悉程度，以农业知识和产业认识带动农村经济的发展，提高农村收入水平，缩小城乡收入差距。

由于以上种种因素限制，如何把时政热点有效地融入思想政治教学，构建高效的政治课堂，成为当前迫切需要解决的问题。除利用新的时政材料替代过去老旧的政治案例以增强学科的时代感和新鲜感，在课堂上引入那些广纳百家之言、集众家之所长、切合实际、发人深省的时政热点，再贯之以生动形象、引人入胜的语言进行深入浅出的讲解外，把那些令人耳目一新、时代感极强、充满人间烟火的时政热点融入我们平时的教学中，并进行分析、解读，也不失为一个有效的方法。

第二节　对外贸易与区域经济发展

改革开放以来，我国经济得到了很大发展，其中最主要的一个原因就是对外贸易。可以说，一个地区的对外贸易情况对这个地区的经济发展起到了非常重要的决定性作用。本节就以经济全球化为背景，以对外贸易与区域经济发展的关系为着手点，分析了对外贸易对区域经济发展的影响，最后论述了在新市场经济条件下的对外贸易与区域经济发展，力图使对外贸易更好地为区域经济发展服务。

在经济全球化的大背景下，我国经济结构发生了重大变化，这也就要求我国的经济发展模式随着经济结构的变化而变化，并根据现在的发展模式做出相应的调整，从而促进经济更好地发展。随着我国加入世界贸易组织以来，我国的对外贸易情况也日益上升。可以说，一个国家的对外贸易是以地区对外贸易为基础，一个国家参与对外

贸易的比较优势和实现模式是建立在该国各地区的资源优势、技术水平、成本优势等所形成的区域竞争力基础之上。通过对外贸易的作用机制，对促进区域经济发展具有重要的现实意义。

一、对外贸易与区域经济发展的关系

对外贸易与区域经济发展的关系向来都是经济学界研究的重要问题。在新经济市场下，对外贸易与区域经济发展也有了新的互动关系，可以说，二者是相辅相成的。

（一）对外贸易促进区域经济发展

对外贸易促进区域经济发展，这是毋庸置疑的。一个地区的经济发展情况在一定程度上依赖于这个地区对外贸易情况，对外贸易可以把这个地区的经济增长要素进行改变，以最大化的资源配置、高科技人力资源等方式促进经济增长。通过对外贸易扩大经济规模，使这个地区的产业在提高生产效率的同时，还降低成本。在对外贸易的同时，可以引进先进技术、创新企业管理制度、优化产业结构等，使市场经济体系不断得到完善，这是对外贸易从另一个角度促进区域经济发展的一种方式。

（二）区域经济发展反作用于对外贸易

一个国家的对外贸易是受该国的一些经济发展水平和经济政策制约的，区域也不例外。例如，东南沿海地区由于一些原因拥有开放的政策、外贸政策、进出口贸易管理政策等，使得该地区的经济发展程度较高，因此，在一定程度上使得该地区的对外贸易也比较发达。可以说，对外贸易的发展不仅使东部沿海地区经济持续保持较高增长速度，而且还推动了东部沿海地区的收入水平、技术进步和产业结构升级，促进了该地区的经济发展。

二、对外贸易对区域经济发展的影响

对外贸易对区域经济发展的影响是两面性的，对外贸易在促进该地区经济发展的同时，也会给该区域经济发展造成一定的破坏，这里就从这两个方面来论述对外贸易对区域经济发展的影响。

（一）对外贸易对区域经济发展的积极影响

我们都知道，对外贸易是分为两个层面，即出口贸易和进口贸易。为此，要分析对外贸易对区域经济发展的积极影响，就必须从出口贸易和进口贸易两个方面入手。从出口贸易来讲，它对区域经济发展是十分重要的。它可以促进该地区的投资，增加资本积累；可以通过扩大外部市场获取更大的经济利益，使劳动生产率大大提高；可以通过对其他国家的技术进行改进，促进产业技术进步，使得该区域的经济发展更快、更稳。与此同时，进口贸易对区域经济发展也是不容小觑的。进口贸易可以刺激新的市场需求，加快新产品研发和新市场开拓；可以通过进口引进别国先进的设备和技术，从而节约我国的一些研发费用、提高生产效率；可以加速低效率企业退出市场，实现竞争的超越性。

通过制定合理的贸易发展战略和发展模式，可以充分发挥对外贸易对区域经济的促进作用，从而带动区域经济发展。总而言之，通过对外贸易，不但可以使区域发展要素形成现实的生产力，而且也提高了区域发展要素配置效率。因此，对外贸易对于区域发展要素的积累和效率提高起着积极的促进作用，并通过发展要素的作用机制推动区域经济发展。

（二）对外贸易对区域经济发展的消极影响

由于每个国家的经济发展水平不同，使得其在世界市场上的经济地位不同。所以，在经济上，发达国家和发展中国家的地位是不平等的。可以看出，我国的一些区域在对外贸易时存在着一些问题，而这些问题严重影响了该地区的经济发展情况。例如，发达国家的一些地区在出口贸易中主要是以工业技术为主，而发展中国家的一些地区则以原料、燃料这些不可再生资源为主，长期这样，就会使得发展中国家的一些地区资源枯竭，环境不断恶化，最后当这些地区的资源和环境发挥不了效果时，这个地区的经济自然也随之下降。因此，这是对外贸易对区域经济发展的又一消极影响。

三、新市场经济条件下对外贸易与区域经济发展

在新市场经济条件下，对外贸易与区域经济发展是相互联系、相互促进的。现如今，国际市场经济条件和国内市场经济条件都发生了很大的变化，新贸易壁垒的出现使得对外贸易对区域经济的消极影响更明显了，如果要想继续取得全球领先的经济发展水平，首先对于一些经济发展模式必须进行及时的调整，同时对外贸易与区域经济发展也要经得起新市场的考验，因为如今的对外贸易对产品的质量和数量都有了新的要求，所以，也对区域经济发展有了更高层次的要求，可以说，优化区域经济发展模式是势在必行的。区域经济发展模式要根据不断更新的对外贸易政策和贸易壁垒来调整，这样才能使对外贸易与区域经济发展在新的市场经济条件下越来越好。

对外贸易在一个地区的经济发展中占据着举足轻重的地位。但同时也要认识到，它带给区域经济发展的消极影响。总的来讲，建立一个健康、绿色的对外贸易环境能够促使区域经济更好地发展，在此基础上再根据不同的市场经济结构调整外贸政策，最终使对外贸易真正为区域经济全面服务。

第三节　国际贸易与区域经济发展探究

要想实现区域经济更为广阔的发展、产品的进一步扩大再生产规模化的经营以及促进经济效率的进一步提高，就必须大力开展国际贸易。贸易的发展与分工的实现为区域经济和经济结构转变提供了条件和动力。

一、国际贸易促进区域分工

从深层次讲，分工演进是促进区域经济发展的重要动力之一。分工演进是逐次推进的，由一国内部区域推进到国际之间，并最终形成国际的分工。分工也是剖析国际贸易对于区域经济发展作用的切入点，而实现发展的两个基本机制是分工的二重性（专业化、多样化）。机制想充分发挥作用，要靠四个方面：① 按比较优势的区域分工，凭借资源优势，获得提高区域经济福利水平的条件；② 区域间的分工演进，分解产业部门，从而衍生出各式新的产业。在区域多样化产业格局下，差异化生产进一步发展，推动区域经济结构多样化；③ 分工促进的劳动专业化，并以此使劳动生产率的提高，劳动生产率的提高有助于专业化人员的持续操作，这种操作提高了人员的劳动熟练程度，使其不断积累相关劳动经验，改进劳动技能，并且通过人员的专门化节省重复学习的费用，加速积累高质量的人力资源；④ 规模化经济的发展。这种经济具有广阔的市场发展空间，像钢铁厂这样的企业更多地依靠规模效益，而像铁路则达不到一定规模根本无法投产。

二、国际贸易是区域要素积累的首要途径

国际贸易作为区域要素积累的首要途径，主要表现在以下四个方面。

（1）"贸易创造型投资"，这种主要靠外贸对资本的传动作用。发展中国家的一个共同特征是资源结余。许多国家存在大量的剩余劳动力，劳动密集型产业比较普遍，利用比较优势，既利于出口，又可积累国内财富。同时，可以利用出口商品来换取本国急需的资源或生产要素。宁波大部分公司都体现了外贸的带动作用，它们大都起步于外贸生意，有了相当资金积累后再办实体。一般而言，相同条件下，由于贸易额大，利息与本金偿还转移易于发生，因而贸易量越大，预期外贸流入量也就相应增加。而预期本息偿还机会欠佳，资本流入就要受阻。更进一步讲，外贸额（尤其是出口额）快速增长将增强外资投放的信心。其原因在于：① 出口增长迅速，外汇结余较多，国际投资信任度就高；② 出口扩张，一则表明出口产业或产品前景广阔，再则表明该国

产业或产品已达到一定水准，国外企业投资信心增强；③ 一般而言，在增速较快的经济体系内，由于出口产业的蓬勃发展，投资者在产品销售以及外汇盈余汇出方面较少有后顾之忧。

（2）国际贸易的促发展功能，主要是通过将区域的储蓄转变为现实的投资来实现。资本品生产的充裕能力是实现储蓄转为投资的条件，发展中国家在这方面的能力则很薄弱。在发展中国家，资本品的生产能力、转换能力不足以及获得国际借贷的局限造成了资本的缺乏。

（3）外贸还具有优化储蓄的功能。外贸引导国民储蓄，进而弥补储蓄缺口，要通过限制消费、增加投资来实现。国民总收入支出公式，即 $Y=(CD+CM)+(ID+IM)$。CD、CM、ID、IM 分别代表区内消费、国外消费、区内投资和国外投资，由此可见，国民收入等于消费加投资。区域的出口相当于 CM 的增大，而在 ID 有限的情况下，IM 的增大就会促进区域经济的增长。

（4）外贸对于促进区域技术进步具有重要推动作用，它既是区域技术进步的纽带，又为其创造条件。外贸对于促进区域技术进步有以下几种渠道：① 通过购买或引进的方式直接获取国外先进技术，推动区域整体技术水平的提高。直接引进国外先进技术（包括设备、工艺、生产能力等），可以提高现有生产效率、改进生产工艺、增强区域研发能力。但是，这些都不是白来的，归根到底，还要靠外贸发展积累外汇购买所得。② 通过对于进口产品的研究获得其相关技术，进行模仿创新。随着国际技术信息的交流，后进国家可以通过对进口产品进行细致研究获得相关技术信息，模仿其产品技术，实现对于部分产品的仿制再现。例如，国外的一些西式快餐店在国内的大量出现，其西式快餐制作技术被国内逐渐模仿，甚至可与其一较高下。③ 通过外贸刺激出口企业加强对新产品的研发，进而带动整个区域内技术的进步。要想在国际贸易的激烈竞争中站稳脚跟，就必须依靠技术的进步和新产品的研发。外在竞争压力也迫使出口企业必须不断地进行技术的创新和产品的升级，而这种出口企业的技术研发既会提高产品的质量，增加企业效益，实现区域收入的增加，也会通过新技术的外溢效应带动整个区域技术的进步。④ 通过外贸与外资的联动导入国外先进技术。当前，中外合资经营的企业发展迅速，外商为实现利润最大化，也必须在新技术、新工艺上做文章，在此过程中国内企业也会分得先进技术的红利，国内汽车、机械、通信电子工业等就在外资的驱动下，技术水平得到跨越式提升。

三、国际贸易推动区域结构优化

（1）国际贸易对于区域资源配置优化具有推动作用。贸易一旦不存在，资源的空间分布不均就会造成很大损失。例如，甲地有劳动力和资金优势，但欠缺土地，乙地则有土地优势，欠缺劳动力和资金，如果各自发展就有很大局限。然而，在贸易的促进下，两地资源实现优化配置，就会达到双赢的局面。放大来讲，就算国内区际进行资源的优化与配置，也同样具有很大的局限性，国际贸易就可以有效地突破这种局限，实现全球范围内最大化的资源优化配置。一般而言，生产资源都有趋利性，出口行业效益好，进口行业就要受冲击，而各种资源要素就会流向出口行业，从而资源的优化配置就能得以实现。

（2）国际贸易对于优化区域产业结构有推动作用。产业结构的高级化是区域经济发展的显性指标。国际贸易主要通过两种力量，即出口的"拉力"和进口的"推力"来实现对于区域产业结构优化的促进。出口的"拉力"具有前后双向关联的作用，它的作用主要表现在国际市场需求对出口产品以及相关原料与半成品需求增加的拉动，这种拉动作用会极大地促进生产此类产品厂商的快速发展。如果出口产品为中间产品，出口量的增大会带动与此产品相关行业的发展。例如，改革开放以后，我国服装产业的成熟就与蚕丝出口带动丝绸制品发展有很大的关联。此外，输出部门提供专门服务的辅助性产业也会出现并发展起来，聚集经济和区位化经济已经与输出产业融为一体，并实现了平行发展的态势，这种局面的形成有利于降低生产和销售的成本，有利于促进输出部门进一步扩大再生产。

进口的"推力"作用则主要体现在两个方面：一方面是通过进口国内没有的产业产品来刺激国内对于此类产品的需求，需求量逐渐增加，国内相关产业也就应运而生；另一方面是通过进口对于国内已有的产业通过技术和设备的引进，使其规模不断扩大、产品质量不断提高、产业核心竞争力不断增强。改革开放以后，我国高新技术产业的飞速发展所凭借的就是进口的推动作用，这对于区域经济增长率的提高和产业的成长具有重要意义。

（3）国际贸易对于区域空间结构的优化还具有带动作用。这主要表现在以下两个方面：一方面，在出口工业的布局上一定要靠近便于产品运输的港口等地。由于保护的原因，扩大的国内市场的工业多半位于内地，其结果可使工业布局实现由沿海向内地的转移；另一方面，通过出口的间接传导机制，包括各个区域要素之间的经济联系，这些联系内外交错，相互协调，从而实现区域经济空间上的二次组合。

四、国际贸易促进区域经济运行机制方面的创新

机制创新主要是指企业为优化各组成部分之间、各生产经营要素之间的组合，提高效率，增强整个企业的竞争能力，而在各种运营机制方面进行的创新活动。机制创新是区域经济增长的动力源泉，也显示着区域发展水平的制度优越性。国际贸易对于经济运行机制具有示范推动的显著作用。

（1）对外贸易对于推动政府进行管理机制创新具有刺激作用。我国长期实行的是计划指令性和行政管理为主的经济运行机制。行政包办一切，弊病很多，与国际贸易和惯例格格不入。因此，要想有效地开展国际贸易，推动区域经济的发展，就必须首先从政府层面进行管理机制创新。正是在这种压力之下，我国外贸体制改革成为经济改革的排头兵进展迅速，成效显著。

（2）国际贸易对于区域微观企业的经营机制具有刺激作用。对外贸易的开展使得企业在机制运作方面发生了很大的转变，市场经济也将企业与旧的计划经济体制予以切割，市场开始逐渐主导企业的发展，而行政干预式的计划经济模式则退出历史舞台。在市场经济中，企业必须转换经营机制，真正成为市场的主体和自主经营、自负盈亏的独立法人。在国际市场竞争大潮的"逼迫"下，有力地推动参与国际竞争的相关企业转变经营管理理念和产业产品运作习惯。出口企业在参与国际竞争中，不但可以获得大量的信息资源，还可以学习国外先进的管理理念和生产技术，并且通过引进先进的生产设备来提高生产效率。在实践与学习的过程中，大批的技术和管理人才会成长起来，从而带动产业的发展。反之，如果是不开放且与国外无贸易的情形之下，低效率的国内或区内垄断企业一旦参与国际贸易，必将刺激其改进生产、更新技术、提高劳动生产率。当然，不可避免地，一些低效率、低技术水平的企业就只有被淘汰，而代之以更高水平的企业。

此外，国际贸易对新的区域经济理念还具有传播作用。新的区域经济理念的传播可以转变企业的经营思路，开阔其经营眼界。

五、我国外贸发展新阶段和区域差别化发展战略

改革开放以来，我国积极参与国际贸易活动，取得了很大成就，东部沿海地区更是飞速发展。在国际贸易中引进了大量的外资，有效弥补了国内资金的不足。此外，通过购买和引进国外先进的企业生产技术，使得在与国外企业的合资经营中，国内企业生产力水平大幅提升，研发能力显著增强，科技进步明显加快，企业管理渐趋科学化，并且形成了一批高新技术产业。对外贸易开展，优化了我国的经济结构，促进了经济体制的改革。

国际贸易加速区域成长，对于不同国家、不同时期的作用不同。小国（是指人口数量、疆域面积、经济总量等方面规模较小）囿于自身的局限，对于国际贸易的依存度比较高，而大国则相对要弱一些，大国本身内部就存在若干的区域，这些区域相当于小国，区域之间开展贸易交流的空间很大。然而，现有相关贸易理论的一个最大的不足就是多以国家为分析单位来考察外贸的影响，并且总是理性化地认为国内（包括大国和小国）的区际贸易机会和贸易空间都已经被充分利用了。我国作为世界上最大

的发展中国家，由于历史原因国内统一市场尚未发育成熟。长期以来，我国各地区，特别是省与省之间互通贸易不足，自给自足现象仍很严重，并且人为地设置诸多贸易壁垒。这种情况的存在，严重制约着统一的国内市场的形成，不利于地区间资源的优化配置和生产的合理有序流动。因而，在制定相关贸易战略时，必须综合考虑国内和国外贸易潜力的充分发挥，优化国内，壮大实力，并培育国际竞争力。考虑我国的具体实际情况，我们不难发现，虽然我国已经成为国际世界贸易组织的正式成员，对外开放水平有了很大提高，但是我国的对外贸易出口还是停留在比较低端的层面，以廉价的劳动力为支撑所生产的劳动密集型产品是我国出口的主要内容，并且综合对于出口产品竞争力的分析，可以预见，我国竞争力强的产品仍将是劳动密集型产品。

总之，我国要在国际贸易中站稳脚跟，赢得市场，还有很长的路要走，在优化经济结构布局、提高企业自主研发能力、实现区域经济发展等方面，还要做相当多的工作。

第四节　我国区域经济差异分析

长久以来，我国区域经济发展的平衡问题一直存在，但区域差异的不断扩大则是在改革开放后伴随着经济的发展而形成的，已引起政府部门和国内外专家学者的思考和研究。区域经济差异的不断扩大，不仅会影响经济的持续健康稳定发展，也关系我国政治和社会的稳定。如何有效健康地缩小区域经济差异，以及促进区域的协调发展，意义深远而重大。

一、区域经济差异的原因

区域经济差异是在区域经济的发展过程中客观存在的现象，它的产生有着客观的因素，以下从自然环境、政策体制、产业结构和人力资本四个方面进行分析。

（一）自然环境

作为人类的生存和生活的基础，自然环境在一定程度上限制着人类的生产活动，因而影响着区域经济发展。我国地域辽阔，地理结构、气候、水资源等环境复杂多样，各区域差异较大。地处江河下游平原及三角洲平原的东部沿海地区，气候条件良好、水资源丰富及土壤肥沃，为农业发展提供了保障；而处于高原山地及荒漠严寒地带的中西部地区，脆弱的自然环境严重影响了经济的发展和居民的生活水平。

（二）政策体制

国家政策体制对我国区域差异有着直接的、十分密切的影响。从 1980 年以来，为提高效率，我国区域经济的发展由平衡发展战略转向非平稳发展的战略。由此以来，因为东部沿海地区地理位置有着优势，工商业基础好，资本的边际效率相对较高，因此国家为了总体经济效益及整体经济发展速度，经济发展重心开始向东部大幅度地倾斜。相比之下，由于受计划经济体制束缚，中西部地区改革步伐缓慢。

（三）产业结构

改革开放以来，作为最早获得开放政策和市场机制的受益者，东部地区吸引了大规模港台地区、华侨和外商投资，产业结构呈现出发展速度快、市场占有率高、经济效益高、投资回报率高的特点；然而，相比之下，中西部地区仍以投资回报率低、风险大、经济效益低的重机电、家电及农业等为主的制造工业为主。

（四）人力资本

在现如今这个知识经济的时代，作为地区经济发展的重要因素，人力资本对经济发展的影响长远而深刻。自改革开放以来，东部沿海地区靠其高收益及政策的优势吸引了大量的人力资源，全国形成了大规模的自发性劳动力区域流动的现象。中西部地区的大量人力资源，包括大部分熟练的技术工人和文化科学水平较高的知识分子流向东部地区，这种人才"孔雀东南飞"的现象对东、西部地区经济差异的影响是深刻而长远的。

二、区域经济差异的测度

区域经济差异可分为相对差异和绝对差异。相对差异是区域经济指标之间的比例，反映了不同的区域之间经济发展的水平差距；绝对差异是区域各种经济指标之间的偏离距离，反映的是不同的区域之间经济发展的量上的等级水平差异。在区域经济差异的研究中，学者们所采用的指标中，多以人均国民收入、人均社会总产值、人均GNP（国民生产总值）、人均GDP（国内生产总值）、人均城镇居民总收入、人均农村居民纯收入、人均消费水平、人均非农业人口消费水平以及人均农业人口消费水平为主。在区域经济的差异研究法方面，主要是采用测算相对差异和绝对差异（极差、标准差）。采用不同的指标，选取不同的时间跨度、计算方法和地域单元，会得出不同的关于中国区域经济发展差异问题研究的结论。北京大学的杨开忠教授是在对研究该问题的学者中首个对中国区域经济的差异进行剖析的。在他的博士论文中，变差系数首次被用于计算1952—1985年人均国民收入的相对差异，得出各省级区域之间的差异大致呈倒"U"形变动；东、中、西三个大经济带的变化大致上呈递增趋势，东北、华东、华北、西南、西北、中南六大区域的差异大致呈现"S"形，而总的趋势则是顺"U"形变化。

三、缩小区域经济差异的对策思路

（一）要素投入论

生产要素的流动可以形成一定的产业规模、优化经济结构，它是进行物质生产所必需的一切来源。作为重要的生产要素，现代技术、科学、信息、管理等进入生产过程，对缩小区域经济差异起着举足轻重的作用。吸引外区域的人才、资本等要素，对于中西部来说特别重要。石书德等在分析内生增长理论模型的基础时，认为创业活动和知识流动也是经济增长的重要驱动因素。如何使人力资本得到足够的回报和获得充足的劳动要素，对于国民收入的分配和经济的可持续发展变得十分重要。在对中西部地区进行投资时，应重点关注教育等促进人力资本积累的领域。

（二）政策调控论

自我国改革开放以来，从内地指向的传统均衡发展战略、沿海指向的不平衡发展战略、新的区域经济协调发展，再到区域协调发展战略，均带有浓厚的政策色彩，多数研究者们认为，在我国这样一个社会主义国家，政策调控对缩小区域经济差异将会起着非常重要的作用。魏后凯认为，国家在政策投入和资源分配上要调控好老工业区与新兴工业区之间的关系，同时建议在加快中西部地区发展、实施西部大开发战略的过程中，采取相关优惠政策来优化中西部产业配套和投资环境条件。林毅夫等建议在制定缩小地区差距的社会经济政策时，要以提高落后地区市场发展和机会的能力为目标，加快第三产业发展和中西部地区的劳动力流动。

（三）基本公共服务均等化

基本公共服务均等化是指政府要为社会公众提供在不同阶段、基本的具有最终大致均等的、不同标准的公共服务和公共物品，包括结果大体相等、全体公民享有基本公共服务的机会均等，同时尊重社会成员的自由选择权，对于缩小区域经济差异具有重要意义。逐步地实现基本公共服务均等化，完善医疗、养老和教育等公共服务体系；改革户籍制度，建立城乡一体化的户籍管理；推进、完善农村金融体制改革；推进县乡财政管理体制改革，逐步建立并完善覆盖农村的公共财政体制等措施，是缩小我国城乡收入差距的有效途径。

（四）空间一体化

一体化学派认为，空间分割、封锁、差别待遇是制约优化空间分工、发挥地区优势的关键，平等待遇、消除分割、按照分工要求来调整地区结构，是中国区域发展的基本过程，也是消除区域经济差异的关键所在。该学派的倡导者和代表杨开忠认为，空间一体化是中国经济转型时期的特殊政策，因为它可以发挥区位优势、比较优势和统一大市场的规模优势，提出应建立统一的制度、交通基础设施和统一的市场，最终达到统一的专业化分工的城市体系的目标。

逐步缩小区域经济差异，不断促进区域协调发展，是促进经济稳定发展、全面建设小康社会的战略任务，也是实现社会主义现代化的必然要求。随着经济的逐步发展和研究的不断深入，区域经济差异理论及其内容逐渐丰富和完善，一些新的研究方法对区域经济差异的实际经济发展问题的解决更加具有科学性和操作性。引起区域经济差异的因素有很多，因此可以尝试运用新的研究方法对区域经济差异的缘由和构成进行分解，在规模报酬递增和不完全竞争的框架下模拟和研究区域经济差异，期待会有更多的、更先进的研究成果。

第五章　知识经济与对外贸易

第一节　知识经济的概念和特点

一、知识经济的概念

综合 30 年来关于知识的各种认知，"知识经济"比较确切的概念应该是"以智力资源的占有、配置，以科学技术为主的知识的生产、分配和使用（消费）为最重要因素的经济"。

（一）知识经济的资源配置

知识经济在资源配置上以智力资源、无形资产为第一要素。对于自然资源通过知识、智力进行科学、合理、综合、集约的配置，主要不依赖于土地、石油等已经短缺的自然资源的配置。这一点，邓小平同志讲得十分明确："农业问题的根本解决最终还要靠尖端技术、靠基因工程。"与此同时，知识经济致力于通过智力资源开发富有的自然资源来创造新财富，逐步替代工业经济为命脉的、已经短缺的自然资源。例如，信息科学技术的计算机芯片来自石头，新能源和可再生能源科学技术的受控热核聚变原料来自水中的氢。

因此，在知识经济中对智力资源——人才和知识的占有就比工业经济中对稀缺自然资源——土地和石油的占有更为重要。换句话说，国家依靠对自然资源的主权迅速发展的经济，例如工业经济后期中东石油国家的经济，如果不同时加大智力资源的投入，在知识经济时代就很容易受到冲击，这正是东南亚近来出现的金融危机和经济危机的深层次原因。

（二）知识经济的产业支柱

知识经济在生产中以高技术产业为支柱，高技术产业以高科技为其最重要的资源依托。"高科技"是特指的，不是传统工业技术的简单创新。按联合国组织的分类，高技术主要有信息科学技术、生命科学技术、新能源与可再生能源科学技术、新材料科学技术、空间科学技术、海洋科学技术、有益于环境的高新技术和管理科学（软科学）技术。

高技术是一个动态发展的概念，不断有新的高技术产生，但是必须特别强调，注入了一些高技术的传统技术并不就是高技术，近来美国汽车技术已注入了许多上述高技术，但它仍是传统技术。只有当高技术含量大大提高，按国际科技工业园区的规范在超过 70% 时，这样的传统技术才被创新为高技术。仍以汽车技术为例，如发动机改为新能源燃料电池，不再污染环境；控制系统全都电子化，操纵安全性极大提高，它才可能成为综合性的高技术。当然，在知识经济社会中，就像工业经济社会中存在农业一样，农业和工业依然存在，并不是所有传统技术都要改造为高技术。

（三）知识经济的社会消费

知识经济的消费（使用）应以高技术产品和通过信息产生的新知识为主。利用知识和智力开发富有自然资源创造的物质财富，将大大超过由传统技术用稀缺自然资源创造的物质财富。例如在人们的食物中，基因农作物产品的利润大于传统农作物；在人们的能源中，太阳能、受控热核聚变能的组分大于煤和石油；在人们的交流中，信息网络终端多媒体机的利用多于火车、汽车、飞机和电话。

（四）知识的使用（消费）和"知识驱动"

知识的"消费"称为知识的"使用"更为确切，因为知识使用后并没有消失、转化或折旧，与商品的消费特性不同。与传统商品消费比较，知识使用还有以下几个方面的不同。

1. 公共用品大大增加

与传统的商品消费相比较，知识使用的公共用品（Public Goods）部分大大增加，而且公共用品日渐世界化。如中国的消费者只花很少的服务费用，或不花费用即可以从互联网上获取知识。

2. 半公共用品也大量增加

与商品消费相比较，知识使用的半公共用品量也大大增加，这些半公共用品日益专业化，取决于不同的知识领域、产业领域以及地域。目前使用这些半公共用品采用许可证制度，但使用费用大大低于这些知识的生产成本。如在互联网上有许多专业网，获取资料要交上网费，有的每次上网获取都要交费。

3. 对知识产权要更严格地保护

知识产权的使用，在知识经济中应当受到比传统经济的专利更加严格有效的保护。因为知识产权的保护是创新的动力保证，是保护和开发智力资源的基本要求。

知识尽管不会因消费而折旧，但是随着知识创新，知识本身会陈旧、老化，一个国家的知识创新系统（包括法律、机构和人才）就是这个国家智力资源不竭的基本保证。

知识的使用和商品的消费一样，并不是不需要付出代价的。对于知识，每个人必须要学习，进而消化才能成为自己的东西，与商品拿来就用完全不同。要把知识像商品一样使用，还取决于每个人把知识转化为技能的能力。因此，没有"免费"的知识，在知识经济中每个人获取（或分配到的）知识的多少，在很大程度上取决于个人的知识学习和转化能力，所以知识经济的"富有者"是具有高知识水平的人。

与工业经济中的"利益驱动"相比，知识经济中形成了"知识驱动"。创新的主要动力是为了获得知识产权，获得知识产权与金钱驱动有联系，但不能与之相等；知识经济中的"知识驱动"也为了获得新知识（即便形不成知识产权，也没有利益）；知识经济中的"知识驱动"还为了获得公众认可、社会地位，当然，金钱驱动也会达到这种效果，但初始动机和手段都不相同。所以说"知识驱动"是一种多元驱动，是一种更为合理，更为高级的驱动。

二、知识经济的特点

知识经济是在充分知识化的社会中发展的经济。

（一）经济发展可持续化

知识经济是促进人与自然协调、可持续发展的经济。在人与自然协调、可持续发展的目标下，工业技术发明的指导思想发生了变化。传统工业技术发明的指导思想都是单一地、尽可能多地利用自然资源，以获取最大利润，不考虑或极少考虑环境效益、生态效益和社会效益；建立在自然资源取之不尽、环境容量用之不竭的基础上，甚至以向自然掠夺为目的。这不能不说是技术与科学分离的悲剧。而高技术产生在多种自然资源几近耗竭、环境危机日益加剧的时代，它把科学与技术融为一体，反映了人类对自然界与人类对社会科学全面的认识。因此，高技术的指导思想是科学、合理、综合、高效地利用现有资源，同时开发尚未利用的已有自然资源来取代已近耗竭的稀缺自然资源。例如，信息科学技术的软件、生命科学技术的基因工程对资源的耗费与传统技术是不能相提并论的。

（二）资产投入无形化

知识经济是以无形资产投入为主的经济。

传统工业经济需要大量资金、设备，有形资产起决定性作用，而知识经济则是知识、智力，无形资产的投入起决定性作用。当然，知识经济也需要资金投入，对于高技术产业而言，甚至是风险资金投入，但是如果没有更多的信息、知识、智力的投入，它就不是高技术产业。目前美国许多高技术企业的无形资产已超过了总资产的60%。无形资产的升值也将带来社会价值观的变化，拥有更多知识的人获得高报酬增多，知识强国的产出增加。

（三）世界经济一体化

知识经济是在世界经济一体化条件下的经济。

知识经济依靠无形资产的投入实现可持续发展的前提显然是依靠世界经济一体化。20世纪90年代以来的美国在自然资源消耗没有大量增加的情况下持续增长，世界大市场是主要因素之一。与此同时，高技术产业较之以前的钢铁、机械和纺织等产业不同，产业技术领域十分广阔。仅以信息科学技术一种高技术为例，任何国家都不可能在计算机技术、微电子技术、光电子技术、芯片技术、大规模集成电路技术、光纤技术、多媒体技术、网络技术和软件技术以及层出不穷的高新技术中全面领先。任何一个国家都可以充分利用自己的智力资源，"有所为，有所不为"，在世界大市场中占一席之地，成为世界经济一体化不可或缺的一部分，这也是冷战以后世界多极格局的经济基础。

（四）经济决策知识化

知识经济是以知识决策为导向的经济。

知识经济的决策和管理必须知识化，科学决策的宏观调控作用在知识经济中有日渐增强的趋势。美国克林顿政府自1992年上台以后就接连提出"全国信息基础设施"（"信息高速公路"）等一系列高技术经济导向政策，对美国经济的持续增长起了巨大推动作用。如汽车产业不是在世界市场的价格竞争中坐等被淘汰，而是由政府引导大公司向传统汽车注入高技术，又夺回了世界汽车王国的宝座。

（五）新的价值取向

农业经济的价值体现在劳动力和土地的占有；工业经济的价值体现在资源和金钱的占有；而智力经济的价值体现在智力和知识的占有。必须通过经济和社会体制改革，用法律体系和机构设置保障知识成为分配最主要的要素，来促进"尊重知识，尊重人才"的真正实现，引导社会价值取向的变革。未来的人才教育，应该以培养高技术产业化的人才群体为主体。

（六）新的市场观念

知识经济是在市场条件下产生和发展的，但它反过来又作用于市场经济，同时引起传统市场经济的变革，并随知识经济的发展而逐步深化。目前比较明显的有几点：一是"网络经济"已经成为市场的新特征，电子贸易将引领传统市场经济的一次革命；二是宏观调控显得更为必要，如欧盟国家已法定联合禁止克隆人；三是日益发展的跨国公司已开始形成不同于传统市场的竞争，形成你中有我，我中有你，既互相合作，又彼此竞争的新局面。同时还可能出现新的市场经济周期规律，我们必须在这种新形势下采取对外经贸的新对策，起用新人才。

（七）新的社会组织形式

江泽民主席指出："21 世纪在科技产业化方面最重要的创举是兴办科技工业园区。"这一创举是一种新的社会组织形式，正如 300 年前工厂集中了自然资源、强壮劳力和新技术，通过科学管理创造了高于农业几十倍的劳动生产率一样，科技工业园区（science park）——我国称为"高新技术产业开发区"，集中智力资源、信息、知识和高技术，通过现代管理实现规范化、网络化、国际化和产业化来解决高技术产业的资金、技术、市场和风险问题，实现了高于传统工业几十倍的劳动生产率。像 300 年前工厂吸引投资者和无地农民一样，吸引大学和研究所的研究人员，为他们提供信息、技术、资金和市场等一切创业服务。这种新型的社会组织需要专门政府机构管理。我国的社会主义市场经济增长从粗放型向集约型的转变，归根到底是依靠高技术产业化来实现。

（八）创新是知识经济的灵魂

"创新是一个民族进步的灵魂，是国家兴旺发达的不竭动力。"创新是知识经济的灵魂。美国经济学家熊彼特（J.A.Schumpeter）于 1934 年在《经济发展理论》一书中提出了经济创新的概念，按照他的定义，"创新"是指"企业家实行对生产要素的新的结合"，它包括以下五种情况：① 引入一种新的产品或提供一种产品的新质量；② 采用一种新的生产方法；③ 开辟一个新的市场；④ 获得一种原料或半成品的新的供给来源；⑤ 实行一种新的企业组织形式，例如建立垄断地位或打破垄断地位。

第二节　知识经济对国际经济贸易的影响

随着科技的飞速发展，高新技术贸易在国际贸易总额中所占的比重已然跃至传统技术贸易之上，从 2019 年第一季度中国高新技术产品（显示器、手持无线电话机、集成电路、激光视盘放像机等）进出口额可以看出，高新技术产品出口总额约为 11102.9亿元人民币，同比增长 2.8%，在同期出口商品中占比 31.36%。且处于不断攀升状态，从而大幅度带动了国际贸易的发展。而以知识为基础的经济将人类在实践中总结所得的经验最大限度地应用到了贸易之中，其兴起必然令国际贸易形势产生方式或结构方面的巨大变化。

一、基于知识经济的"两性"及"两化"

若要对知识经济进行阐述，不妨将其定义为将知识作为最根本基础的经济，在该类型的经济中，知识占据着绝对的主导地位。当然，这并不是说在以往的经济模式中知识"一无是处"，所谓知识，不过是人们在实际实践过程中所总结出的经验及规律。

比如在信息时代，高新电子产品应用在汽车、通信、航空、航天、军事装备、计算机、工业、家用电器等众多领域。经过对以往的总结，知识的力量是人类在发展、进步及蜕变的过程中不可或缺的因素，且知识总量一直处于一种不断递增的状态。然而，在以往的贸易中，知识经济根本难以发挥其主导作用，真正发挥主导作用的是人们赖以生存的各类资源，譬如森林资源、土地资源、矿产资源以及最为常见的劳动力资源等。随着人们对该类资源的倚重，与之对应的机械、建筑等行业也逐步发展为了人类社会中的支柱行业，在全球各国的社会经济中均发挥着主导作用。

时至今日，资源经济时代基本划下了句点，取而代之的是知识经济时代，广泛普及及不断深化的知识已然成为经济发展的最重要因素，而随之兴起的便是当今社会下出现不久的各类服务业、旅游业以及保险业等缺乏实际产品的行业，除此之外，以新材料能源、环保工程、信息工程等为典型代表的高新科技行业同样也属于知识经济产业之列，在实际生产的过程中，以律师、工程师等职业为首的智力劳动者群体正是创造及拥有财富的主要角色。举例而言，自近代以来，电讯业以及信息业早在 20 世纪90 年代便成为美国最大的产业类型，据统计，仅在 1997 年年底美国电讯、信息业的营业额便超过了 8000 亿美元，正式成为了"龙头行业"，截至 2019 年，美洲电信营业额：539.776 亿美元，世界排名第 10 位。在其整个国家所有的就业人员中，电讯、信息业领域内的就业人员占据了整个国家所有就业人员的 55.4%，以微软、苹果及甲骨文等为首的电讯、信息企业更成为美国诸多知识分子憧憬与向往的"工作圣地"。在20 世纪 90 年代，知识经济的特征便得到了凸显，如今近 30 年已过，知识经济特征更凸现了其显著特征，总结起来，知识经济的特征主要便体现在"两性"及"两化"之上，详情如下。

（一）递增性

在以往资源经济秩序之下，人们赖以生存的各类资源都会受到递减规律的制约，但知识经济中的"知识"却是不然，这种"知识"不会在人们从事生产的过程内被消耗殆尽，反而会可能因为经验的持续积累而发生"升值"。

（二）持续性

在以往工业经济时，由于人们过度追求工业化而忽略了"可持续发展"，而在现今时代下，人们的生产及其余各类技术皆有失完善，因而常常会发生环境因工业化推进而造成巨大的污染、资源因技术不够纯熟而出现大幅度的浪费，生态平衡因此而被破坏，而这种破坏也常常是"不可逆"的，而在当今时代下，人们依赖的生产资料早已不是以往的原材料、设备或是机械，取之不尽、用之不竭且无危害及污染的知识方才是知识经济时代促使以贸易为首的经济因素。

（三）全球化

在当今时代下，经济全球化已然成为世界发展的实际状况与必然趋势，对于世界而言，经济全球化同样是世界经济发展的重要阶段，在经济时代下，互联网等网络技术的发展最大限度地削弱了地域、环境等以往可能会对人类造成阻碍的桎梏，令全球联系日趋紧密。

（四）知识化

在知识经济中，知识当然是其该类型经济的根本性质所在，在知识经济发展的过程中，知识便是其原动力。

二、知识经济对国际贸易的影响变化

（一）知识经济令国际贸易的方式出现变化

在当今时代下，促成经济全球化的纽带便是不可或缺的信息技术及互联网技术，该类别的技术令全球形成了"网络经济"，而随之而来的便是让一种跨国界的新贸易形式：电子商务。在当今生活中，"填填单子便可得到心心念念的商品"早已不是空谈。在当今的国际贸易中，开创了商业文件处理及交换的 EDI 贸易方式是当今国际贸易最常见的贸易形式，由于这种"无纸贸易"的贸易形式里加速了相关贸易企业对于信息传递及处理的速度，因而使得贸易额发生巨幅增长，仅仅在 2019 年，全球范围内便已有了 215 万家企业选择使用 EDI 贸易方式。由此可见，在当今时代下，知识经济充分凸显了其全球化及知识化特征，将互联网及其余高新技术知识真正融入国际贸易之中，令国际贸易的贸易方式产生了翻天覆地的变化，交易过程也早已不仅仅限于"线下对接"，"线上对接"反而后来居上，成为当今时代最常见、使用最频繁的国际贸易方式。

（二）知识经济令服务类国际贸易得到弥足发展

随着时代的发展，国际贸易所涉及的贸易内容早就不仅仅限于传统货物或商品的交易，服务类型的贸易同样是国际贸易内炙手可热的"紧俏货"，随之，国际服务贸易一跃成为全球范围内人们最为关注的贸易现象，其实际类型主要包括旅游、信息处理、信息传递、设计、租赁、咨询、保险、金融、航空服务转让等。在 2019 年，以上类型的国际服务贸易在所有国际贸易中占据的比率已经超过了 25%，年递增率则超过了 10%，而货物国际贸易的增长率则仍处于十二分之一上下。在全球中的诸多国家中，发达国家与发展中国家相比，起服务贸易占据了碾压性的优势。在国际贸易实际进行的过程中，知识经济充分体现了其知识化特征。

（三）在国际贸易中高科技产品贸易的比率水涨船高

在知识经济中，高科技是重要因素，而高科技产品则是以此为基础而研发出的产品，高科技产品的开发正是令社会经济得到发展的生产要素。举例而言，在当今时代下，人们已经可以初步做到利用知识对已经使用的各类生产要素进行回收再利用，令有限的自然资源使用期限得到增长；将碳元素转变为金刚石；将硅元素转变为计算机芯片等。而随着时代的进一步发展，昔日"难得一见"的技术早已普及开来，在当今的高科技产品的国际贸易中，信息技术产品逐步成为"时代及市场的宠儿"，其根本为一类知识产品，本身具备资源可复制及重复利用、产出较多、投入较少等诸多方面的优势，因而贸易规模也多取决于生产者及贸易者们对于相关知识的理解程度与运用技巧、能力。总而言之，基于知识经济的经济全球化时代将是一个倾向于网络化及信息化的时代，在实际进行国际贸易时，无论于企业、产品、效率方面还是于服务、生产及流通交易方面，国际贸易皆与信息技术及其相关产品紧密结合，自然而然地随着大势所趋，国际贸易市场内各方面贸易者对于信息技术产品的需求日益高涨，因而该类型产品的贸易额亦随之增长。而伴随着这一状况，诸多发达国家也将其当作了制约其余发展中国家发展的"密钥"，由于发展中国家缺乏核心技术，即在知识经济发展方面远不及发达国家，因而发达国家也自然而然将信息技术类的高科技产品转变为了提高其自身在国际贸易竞争力乃至全球地位的重要及主要手段，进而促使诸多发展中国家不得不去发展信息技术等高科技。故此，知识经济与信息技术起到的是互相促进的作用，知识经济能够促进信息技术的发展，而信息技术同样也可刺激知识经济的突显，久而久之，信息技术差异的桎梏终归会被打破，令国际贸易趋向合理化。

虽然近年来知识经济已在我国得到了快速发展，其特征也多在我国参与的国际贸易中得到充分体现，但受我国以往国情的限制与制约，我国目前出口的产品仍主要以劳动密集型的产品为主，大多类型出口产品的技术水平及含量都远不及服务型全球贸易，同时由于经济全球化的提速及汇率波动等多方面因素的影响，该类型产品在国际贸易中的竞争力早已大不如前，这令我国在国际贸易领域仍面临着巨大且严峻的挑战。在当今这个知识经济的时代中，我国对该类别的挑战进行全面认识，不断与我国的实际状况进行结合，通过知识经济的发展令我国在当今世界贸易的巨大格局中占据相对主动的地位，促进我国社会与经济的发展。

第六章　对外贸易经济效益

对外贸易作为开放经济条件下服务于工业化、国民经济发展的重要手段，其经济效益的高低直接影响着其服务作用发挥的效力。在这个意义上，可以说对外贸易经济效益是对外贸易活动所追求的目的，只有取得高水平的经济效益，才能保证对外贸易最大限度地促进国民经济的发展。

第一节　对外贸易经济效益的含义、分类与形成

一、对外贸易经济效益的含义和分类

（一）对外贸易经济效益的含义

经济效益，一般地说，是指在经济活动中为了达到一定的经济目标所耗费的劳动和由此所取得的成果之比。简言之，即投入和产出之比。从事任何一项经济活动，都要投入一定量的劳动并取得相应的成果。经济效益的基本内容就是将投入和产出进行比较和评价。投入越少，产出越多，经济效益就越好；投入越多，产出越少，经济效益就越差。

对外贸易经济效益是指在一定时期内投入对外贸易领域的劳动和由此取得的成果之比。对外贸易经济效益包括两个方面的内容：一方面是通过利用国内价值和国际价值的比较，输出本国有相对优势的产品，输入本国有相对劣势的产品，从而实现价值增值，实现社会劳动的节约；另一方面是输出本国相对富余的产品和资源，换回本国所短缺的产品和资源，实现实物形态上国民经济综合平衡，扩大社会再生产规模，最终达到创造更多价值的目的。因此，对外贸易经济效益，一方面通过价值增值表现，另一方面通过使用价值转换表现。但二者殊途同归，最终都表现为社会劳动的节约、社会财富的增加。

（二）对外贸易经济效益的分类

对外贸易经济效益从不同的层次考察，可以分为对外贸易社会经济效益和对外贸

易企业经济效益。对外贸易社会经济效益是指通过对外商品和劳务的交换，对整个国民经济产生的经济效益。它不仅包括由对外贸易活动实现的直接的价值增值，还包括由对外贸易活动派生出的、间接的社会劳动节约，如通过引进先进技术实现的劳动生产率水平的提高，通过实物形态转换实现生产要素优化配置，进而实现社会劳动节约等。对外贸易企业经济效益是指通过对外贸易活动，对外贸易企业所取得的盈利。对外贸易企业效益较之对外贸易社会效益，其考察的范围狭小、内容单一，对外贸易企业效益仅考察对外贸易企业财务账面上的、以货币形式表现的盈利或亏损。

二、对外贸易经济效益的形成

对外贸易是一个特殊的经济部门，它掌管着国内外的生产流通，有着特殊的职能，因此，其经济效益也有着十分独特的形成过程。

（一）对外贸易社会经济效益的形成

1.利用"绝对差异"和"比较差异"，形成对外贸易社会经济效益

对外贸易经济效益是对外贸易领域的投入与产出之比，这种比例关系所包含的经济内容和实质就是社会劳动的节约程度，因此，对外贸易经济效益还可以表述为通过对外商品和劳务的交换所节约的社会劳动。进行对外贸易活动不仅可以通过对外交换取得本国国民经济发展短缺的使用价值，还可以通过交换获得价值增值。价值增值本质上与社会劳动的节约是相同的，价值增值可以理解为投入一定量的劳动而获得比一般水平更多的新价值；社会劳动的节约可以理解为获得一定量的价值而为此投入的劳动少于一般水平。因此，对外贸易经济效益也就是通过对外交换所获得的价值增值，而价值增值是由于存在着国内价值和国际价值之间的差异而产生的。

国内必要劳动时间和世界必要劳动时间的差异导致国内价值和国际价值的差异，进而使通过对外贸易活动可实现价值增值。国内价值和国际价值的差异可以归纳为两类，即绝对差异和相对差异。绝对差异是指同种商品的国内价值高于或低于国际价值；相对差异是指不同种商品的国内价值和国际价值的差异在程度上的不同。这两类差异的存在都有可能使参加贸易的各方获得国别价值增值。我们将参加国际贸易的商品简化为两种：甲商品和乙商品。

（1）绝对差异。设某一国甲商品的国内价值低于国际价值，而乙商品的国内价值高于国际价值，该国通过发挥在甲商品上的绝对优势，出口甲商品，进口本国有绝对劣势的乙商品，获得国别价值增值。

商品	国内价值	国际价值
甲	4小时	6小时
乙	3小时	2小时

该国出口 N 件甲商品，内含 $4n$ 小时国内价值，在国际市场上被承认为 $6n$ 小时国际价值，用 $6n$ 小时国际价值可进口 $3N$ 件乙商品，$3N$ 件乙商品在国内被承认为 $3 \times 3n$ 小时国内价值。通过出口 N 件甲商品，进口 $3N$ 件乙商品，该国获得 $9n-4n=5n$ 小时的价值增值。

（2）比较差异。设某一国甲商品和乙商品的国内价值均高于国际价值，该国出口国内价值高于国际价值程度较小的甲商品，即发挥其比较优势，进口国内价值高于国际价值程度较大的乙商品，从而获得国别价值增值。

商品	国内价值	国际价值	比值
甲	2 小时	1 小时	2：1
乙	6 小时	2 小时	3：1

该国出口 N 件甲商品，内含 $2n$ 小时国内价值，在国际市场上被承认为 n 小时国际价值，由于单位乙商品的国际价值含量为 $2n$ 小时，在等价交换原则下，n 小时国际价值只可进口 $1/2N$ 件乙商品，而 $1/2N$ 件乙商品在国内市场上被承认为 $6 \times 1/2n=3n$ 小时国内价值，这样，通过进出口活动，该国以 $2n$ 小时国内价值换 $3n$ 小时国内价值，实现了 n 小时的价值增值。

再设某国甲商品和乙商品的国内价值均低于国际价值，但甲商品价值低于国际价值的程度较小，乙商品国内价值低于国际价值的程度较大，因此，该国出口具有相对优势的乙商品，进口具有相对劣势的甲商品。

可见，只要存在国内价值和国际价值的绝对差异或比较差异，国际贸易的各方就可以利用绝对优势或相对优势，通过进出口活动实现国别价值增值、社会劳动节约。由此获得的价值增值或劳动节约，是对外贸易社会经济效益的重要组成部分，但不是对外贸易社会经济效益的全部。

2. 通过使用价值转换，形成对外贸易社会经济效益

对外贸易的两个基本职能是进行使用价值转换和实现价值增值，两者是不可分开的。在实现价值增值的同时，必然完成使用价值的转换。因此，利用国内价值和国际价值的"绝对差异""比较差异"实现价值增值，必须建立在使用价值转换的基础上。使用价值是价值的载体，是物质承担者，没有使用价值的转换，就无法实现价值的增值。但使用价值在对外贸易经济效益形成中的作用，不限于在纯粹的商品流通中充当价值的载体，实现价值的增值，而且还包括由于使用价值对外转换在社会再生产中产生的新价值。

进行对外商品流通，是将本国的一部分产品和资源从经济循环中分离出来，在国际市场上转换成另一部分产品和资源，从而在一定程度上缓解国内产业结构不平衡对经济发展的束缚，扩大再生产规模，加速经济增长，使整个社会有可能获得更多的新增价值。这种通过使用价值转换，调整国民经济比例关系，改善社会产品构成，使社

会获得的较自我循环更多的新价值或劳动节约，也是对外贸易经济效益的组成部分。

（二）对外贸易企业经济效益的形成

对外贸易企业经济效益直接取决于国内外市场的价格差，即从出口看，是指国内货源买入价与国际市场售出价之间的差价；从进口看，是指国际市场商品买入价与国内市场售出价之间的差价。这种价格差再减去商品流通费用即是对外贸易企业的盈利（若为负数则为亏损），也即对外贸易企业经济效益。

从理论上讲，在价格与价值大体一致的情况下，国内外市场价格差反映的是国内价值和国际价值之间的"绝对差异"和"比较差异"。在存在"绝对差异"条件下，单纯的出口或进口即可取得对外贸易盈利，即当一商品国内价值低于国际价值时出口，而对国际价值低于国内价值的商品则进口；而在"比较差异"条件下，则需要通过出口、进口双向循环贸易才可取得对外贸易盈利。这时，需要出口本国有比较优势的商品，进口本国比较劣势较大的商品，进出口贸易相结合，才能获利。

从实践上看，对外贸易企业经济效益还受其他许多因素的影响，如企业经营管理状况、政府的政策措施、对外贸易体制等。

第二节　影响对外贸易经济效益的因素

对外贸易经济效益的状况是多种因素合力作用的结果，同时，由于宏观、微观对外贸易经济效益所包含的内容有差别，各自的影响因素也不相同。

一、影响对外贸易社会经济效益的因素

对外贸易社会经济效益是通过对外商品交换带来的价值增值，而价值增值是由国内外价值差异以及使用价值转换在社会再生产中发挥特定作用而形成的。因此，一切影响商品的国内价值、国际价值以及两者之间相互关系的因素，一切影响使用价值在社会再生产中发挥作用、带来更多新增价值的因素，均影响对外贸易经济效益。

（一）一国劳动生产率状况

国家劳动生产率的平均水平决定了该国大部分商品的社会必要劳动量水平，进而决定了该国大部分商品的国内价值量水平。国际价值是由世界必要劳动量决定的，后者又是由世界平均劳动生产率水平决定的。因此，国内价值和国际价值的差异主要是由该国劳动生产率水平与世界平均劳动生产率水平的差异形成的，两者差异的程度和方向决定着国内价值和国际价值差异的程度和方向，进而决定了获得对外贸易经济效益的量和层次。

如果一国的劳动生产率水平大大高于世界平均劳动生产率水平，该国绝大部分商品的国内价值低于同类商品的国际价值，在以国际价值为基础的对外交换中，该国每小时平均劳动投在各经济部门所形成的国内价值在国际市场上被承认为超过一小时的国际价值。该国以高于国内价值的国际价值输出商品，以低于国内价值的国际价值购买某些商品，以少量劳动按质的比例与多量劳动交换，从而取得对外贸易经济效益。该国取得对外贸易经济效益是凭借其劳动生产率水平的绝对优势。

如果一国的劳动生产率水平低于世界平均劳动生产率水平，该国绝大部分商品的国内价值高于同类商品的国际价值，该国进行对外交换只能输出国内价值高于国际价值程度较小的商品，输入国内价值高于国际价值程度较大的商品，以少量社会劳动换回多量社会劳动，实现价值增值。这类国家取得对外贸易经济效益是利用了绝对劣势中的相对优势。

以上两类国家通过对外商品交换都能够实现社会劳动的节约，形成对外贸易经济效益。生产率水平高的国家通过对外贸易所实现的价值增值量或社会劳动节约量并不一定多于劳动生产率水平低的国家。但是，由于两者劳动生产率水平与世界平均劳动生产率水平的差异方向不同，两者借以实现对外贸易经济效益的条件不同，决定了两者获得的对外贸易经济效益的层次不同。前一类国家劳动生产率水平有绝对优势，它所取得的对外贸易经济效益也是绝对的；而后一类国家劳动生产率水平处于绝对劣势，绝对劣势中相对优势的利用，形成对外贸易经济效益，但这种效益的获得是相对的、有局限性的。因此，前者获得的对外贸易经济效益是较后者更高层次的对外贸易经济效益。

（二）进出口商品结构

由于经济发展的不平衡，一国国内各部门各行业的劳动生产率水平参差不齐，甚至相差悬殊，与世界同行业平均的劳动生产率水平的差异程度更不可能相同。由于各部门的劳动生产率水平不同，每小时国内平均劳动投入不同的经济部门、行业所形成的国内价值也就不同。又由于各部门各行业劳动生产率水平与世界同行业平均劳动生产率水平的差异不相同，同一国内价值量在国际市场上得到承认的程度也就不同。因此，劳动生产率的双重差异——"内差异"和"外差异"，出口商品结构极大地影响输出的国内价值量以及该国内价值量在国际市场上得到承认的程度。另外，由于相同的原因，同一国际价值量，由于其物质承担者不同，在国内市场上会被承认为不同量的国内价值，而对外贸易所实现的价值增值正是国内价值的增值。从以上分析可以看出，价值的物质承担者——使用价值的构成，即进出口商品结构是影响对外贸易经济效益的重要因素。

此外，进出口商品结构对对外贸易的社会效益有着更深的影响。进出口商品结构的安排合理与否，影响着对外商品流通对再生产促进作用的发挥程度。例如，理想的贸易格局应是出口长线产品，进口短线产品，通过对外贸易促进宏观经济平衡。如果进出口商品结构安排不当，出口商品集中在短线产品，而进口商品却集中在长线产品，虽然这种进出口商品结构可能有利于通过国内外价值差异获得价值增值，但对国内社会再生产的顺利进行却产生不良影响。它不仅没有缓解国内产业结构对经济增长的制约，反而加剧了国内产业结构的不平衡。这种进出口商品结构下的对外贸易，其社会效益甚至可能是负效益。因此，进出口商品结构对对外贸易经济效益有重大影响。

（三）货币因素

价格是价值的货币表现形式，在商品经济条件下，价值增值或劳动节约必然要通过价格来衡量和表现。

对外贸易是特殊的经济部门，它掌管着国内外的生产和流通，在每一次对外商品交换中通常都要使用两种或两种以上的货币计价，这就使得通过交换实现的社会劳动节约或价值增值的表现更为复杂。通过交换实现的价值增值要得以正确表现和反映，一方面要求国内外价格都必须真实地反映商品的国内价值和国际价值，另一方面要求计价货币的"价格"，即汇率正确反映每一单位本币和外币所代表的价值量的关系，两个条件缺一不可。即使商品的国内外价格能正确反映商品的国内外价值，如果汇率不能正确反映参与交易的不同货币之间的比例关系，对外交换产生的价值增值也得不到正确反映；反之亦然。

货币因素不仅会影响价值增值的正确表现，还会通过对进出口商品结构的作用，进而影响实际的价值增值量或劳动节约量，影响对外贸易经济效益。

如果一种商品的国内价格严重偏离国内价值，价格所表示的价值量大大高于实际的价值量，价格对价值的扭曲使所表现出来的商品国内价值大大高于同类商品的国际价值。这种国内价值的高估使实际上具有绝对优势或相对优势的商品具有绝对劣势或相对劣势，使本该出口的商品成为事实上的进口商品。同理，国内价值的低估也可能使本该进口的商品成为出口商品。如果汇率高估了每单位本国货币所代表的价值量，实际上出口可以节约劳动的商品似乎也成了亏损商品，而汇率的低估则可能使实际上没有优势的商品出口，似乎也能节约社会劳动。因此，价格对价值的扭曲、汇率的高估或低估等货币因素会影响进出口商品最优结构的形成，从而影响对外贸易经济效益。

（四）市场机制

在市场经济条件下，对外贸易活动的国内环节和国际环节都要通过市场运作、完成。因此，高水平的对外贸易经济效益的实现必须有健全的市场机制作保证。如果市场机制不健全甚至缺乏必要的要素市场，通过对外贸易活动最终实现的社会劳动的节约就得不到正确的表现，从而使对外贸易经济效益提高的经济驱动力无从发挥。例如，如果没有正常的市场竞争机制，没有技术市场的存在和发展，通过对外贸易实现的技术进步就无法通过市场辐射、扩散到其他企业部门，从而使对外贸易社会经济效益下降。

影响对外贸易社会经济效益的因素还有许多，如一国所处的经济发展阶段、特定时期的国民经济发展目标、经济发展模式、国家产业政策等，都会在不同程度上影响对外贸易经济效益。

二、影响对外贸易企业经济效益的因素

从事对外贸易活动的企业，从理论上讲，其经营成果必须是盈利的，否则其资本就会转移到其他盈利的经济部门。但在我国原有的高度集中的计划经济体制下，对外贸易曾在较长时期亏损经营，造成当时对外贸易亏损的原因除企业自身的经营管理水平外，有许多是对外贸易企业无法控制和改变的。因此，对外贸易只能在财政补贴的支持下运行。

1981—1990 年，我国对外贸易连年亏损，国家不得不给予大量财政补贴。而造成对外贸易亏损的原因，除国际市场价格变化趋势于我不利、一些对外贸易企业经济管理水平较差等客观因素外，相当大一部分亏损是由政策性、体制性等主观因素造成的。在这种情况下形成的对外贸易亏损并不能真正反映对外贸易企业的经济效益。

从 1991 年起，国家采取一系列措施为对外贸易企业创造了平等的竞争环境，并在此基础上取消了国家对对外贸易企业的出口亏损补贴。在对外贸易管理上运用汇率、关税等宏观调节手段，减少行政干预；重视外汇调节市场的作用，扩大市场调节的范围；扩大企业支配的外汇；等等。创造平等竞争环境，取消对外贸易国家财政补贴，使对外贸易企业真正实现自主经营、自负盈亏、自我约束、自我发展。

1994 年，我国对外贸易、外汇制度经历了进一步改革，建立起以市场供求为基础的、单一的、有管理的人民币汇率制度；改革进出口管理制度，取消指令性计划；对少数实行数量限制的进出口商品的管理，按照效益、公正和公开的原则，实行配额招标、拍卖或规则化分配；发挥进出口商会协调指导、咨询服务的作用。通过以上改革，改进对外贸易企业自主经营、自负盈亏的外部环境。

改善对外贸易企业经济效益，不仅需要改进外部宏观环境，更需要变革企业的微观机制。影响对外贸易企业经济效益的因素主要有以下几个方面。

（一）对外贸易企业的企业制度

我国原有的对外贸易企业制度是以单一的公有制、政企不分为主要特征的。对外贸易企业的资产均属国有资产，实行分级管理，这种单一的所有制与资产管理方法造成了政企不分，让资产占有、使用、收益的分离，严重地影响了企业的经济效益。对

外贸易企业制度改革的方向是建立现代企业制度。以公有制为主体的现代企业制度是社会主义市场经济体制的基础，是国有企业改革的方向。只有建立现代企业制度，才能使对外贸易企业成为自主经营、自负盈亏、自我发展、自我约束的市场主体。

按照党的十四届三中全会《中共中央关于建立社会主义市场经济体制若干问题的决定》的要求，我国所要建立的现代企业制度是产权清晰、权责明确、政企分开、管理科学的新型企业制度。

（二）对外贸易企业的经营制度

我国原有对外贸易企业的经营特点是商品化经营，且经营的商品单一，经营重规模，轻效益，重投入，轻产出，造成对外贸易企业经济效益不高。

对外贸易企业的经营模式应由商品经营向资本经营转变。商品经营是以完成进出口商品计划为特征的，而资本经营是以利润最大化和资本增值为目的，以价值管理为特征，通过生产要素的优化配置和资产结构的动态调整，对企业所控制的内外部有形资产与无形资产进行综合运营的一种经营方式。实行资本经营，要求对外贸易企业按照资本运动的一般规律进行进出口活动，实现资产增值和效益最大化。具体地说，对外贸易企业要建立最佳资本结构，以经济效益为中心，实行多元化、综合性经营。

优化资产结构是实行资本化经营的基本要求。企业的资产结构优劣是影响企业经营效果的重要因素。企业的资本结构不仅指所有权的比重，也包括各种融资方式的搭配，如自有资金、银行借款与债券、优先股、普通股等的比例等。我国对外贸易企业目前自有资金比重很小，负债率很高，因而财务风险很大，这势必影响企业的稳定发展。负债量大意味着企业必须支付大量利息，利息是无论企业盈利状况如何到期必须支付的固定支出，利息负担重，一旦出现利润下滑或资金短缺，极易造成企业违约甚至破产。又如我国对外贸易企业融资渠道单一，主要依靠国内银行贷款，而银行贷款很大一部分是国家的政策性贷款，随着我国金融体制的改革并逐步与国际惯例接轨，政策性贷款将减少，这就要求对外贸易企业必须开拓新的融资渠道，在市场经济环境中取得尽可能廉价、安全的资金供应，保证企业的资金流动。

对外贸易企业传统的单一商品经营模式已难以适应快速变化的国际经济环境，必须转向多元化、综合性经营，以增强抵御风险、综合利用生产要素的能力。对外贸易企业在经营进出口商品的同时，应利用自身联系广、信息灵的优势，积极参与技术进出口贸易、国际服务贸易、国际投资等活动；在国内市场上，也应参与各种实业化经营，如种养业、制造业、运输业、房地产业、服务业等，形成国际化、实业化、综合化经营模式，从根本上提高企业创造高效益的能力。

（三）对外贸易企业的管理制度

在其他条件相同的情况下，企业的经营管理水平是造成企业经济效益差别的主要因素。对外贸易企业要提高企业经济效益，必须建立科学高效的管理制度，提高管理水平，向管理要效益。

在传统计划经济体制下，国家统负盈亏，对外贸易企业普遍不重视经营管理，因为管理水平与企业及个人的利益不挂钩，干好与干坏一个样，限制了企业及职工的主动性、积极性。

对外贸易企业应按照社会主义市场经济的要求，以财务管理为中心、资金管理为重点，辅之以健全的劳动管理、人事管理、分配管理，建立约束和激励机制，从而提高企业经济效益。

在以上影响对外贸易企业经济效益的诸多因素中，改革企业制度，建立现代企业制度是基础。只有进行企业制度的创新，建立现代企业制度，实现微观经济基础的根本变革，对外贸易企业才能最终摆脱传统计划经济体制的束缚，真正成为在市场竞争中求生存、求发展、追求高效益的独立的市场竞争主体。

第三节　对外贸易经济效益的表现形式

节约社会劳动是经济效益最终的表现，因此，对外贸易经济效益与其他部门的经济效益一样，最终都归结为社会劳动的节约，但它的具体表现形式则是多种多样的。

一、对外贸易社会经济效益的表现形式

对外贸易社会经济效益既然是指对外贸易活动对国民经济产生的经济效果，包括直接的和间接的经济效果，其表现形式必然是多样化的。

（一）对外贸易社会经济效益表现为社会财富的增加

对外贸易社会经济效益表现为国民财富的增长，不仅可以从单纯的进出口商品交换过程来考察，还可以将考察面拓宽到某些国内生产过程。将通过对外贸易活动节约下来的劳动投入国内生产领域，使之作用于新的劳动对象，在劳动过程中创造新价值并同时形成新的劳动产品，从而创造国民财富。关于这一点，马克思曾有过论述："我可以用新价值创造新劳动，通过新劳动创造新价值，我总是一而再地以新价值交换新价值，再生产全部过程……这样，商业民族就能发财致富。"

（二）对外贸易社会经济效益与技术进步经济效益交织在一起，互为因果，互为表里

对外商品交换活动在实现国民价值增值的同时，还极大地促进了科学技术进步，而科学技术进步也增强通过对外贸易实现价值增值的能力。

从出口看，为了通过对外贸易实现尽可能多的价值增值，总是出口绝对优势或相对优势大的商品，而这些商品往往来自劳动生产率水平较高的部门和行业。但劳动生产率水平的高和低只是相对而言的。目前劳动生产率水平高的部门、行业并不能永远保持其高水平，还要接受来自国内、国际两个方面的竞争。

一方面，在国际市场上出口同一类产品的国家往往很多，彼此之间竞争激烈，只有技术水平高、劳动生产率高的国家才能在竞争中具有优势。国际同行业的激烈竞争促使各国出口部门、行业采用先进技术，提高生产率，从而使每一单位国内价值在国际市场上被承认为更多量的国际价值。

另一方面，国内部门间、行业内的竞争也是激烈的。出口部门具有的相对优势并不是恒定的，其他部门劳动生产率的相对变化会影响出口部门的优势程度，甚至变优势为劣势，从而其他部门的产品取代出口部门的产品。另外，同行业内的竞争也有可能使出口企业变为非出口企业。多重的竞争压力促进国内出口部门、企业以及其他部门、企业努力提高技术水平，降低单位产品的国内价值含量，使每单位国内价值量在国际市场上被承认为多量的国际价值，对外贸易经济效益得以提高。这里，对外贸易经济效益表现为技术进步经济效益的结果。

从进口看，根据节约社会劳动的原则，总是选择具有绝对劣势或相对劣势的商品进口。生产这些商品的国内部门，技术装备水平、劳动生产率水平往往较国外同行业、国内其他部门低，有些商品甚至是国内无法生产的。因此，通过进口节约社会劳动，不仅指以少量国内价值换回相当于多量的国内价值的价值量，还指进口了节约社会劳动的能力，进口产生潜在的经济效益，这种潜在的经济效益或称对外贸易的连锁经济效益，往往表现为技术进步经济效益。

许多进口商品都是先进技术、高劳动生产率的产物，同时又是先进技术的载体、物质承担者，如先进机器、设备等。将这些进口商品投入国内生产领域，加以消化吸收，必然会引起使用部门和相关部门的技术进步、生产力配置的改进，提高经济效益。这表现在诸多方面，如减少工时、节约物资耗费、提高产品质量、节约科研费用等。这里，一部分对外贸易经济效益表现为技术进步经济效益。

以上分析表明技术进步经济效益表现为对外贸易经济效益，而对外贸易经济效益也表现为技术进步经济效益，二者互为表现物，互相作用，互相制约。

（三）对外贸易社会经济效益是社会主义基本经济规律的具体化表现

对外贸易社会经济效益从根本上表现为社会主义基本经济规律的实现，具体地表现在建立"高度技术基础"、促进"社会主义生产不断增长和不断完善"、"满足社会日益增长的物质和文化需要"等方面。

通过进出口贸易活动，企业在激烈的国际竞争中，或者引进技术，或者进行技术革新，并产生连锁和扩散效应，从而提高整个社会的技术水平。并且，通过进出口贸易活动，可以促进工农业生产以及交通、通信、金融保险、旅游等各行各业的发展。而生产力水平的提高，经济的发展，最终能提高广大人民的生活水平，从而实现社会主义生产的目的。

二、对外贸易企业经济效益的表现形式

对外贸易企业经济效益是对对外贸易企业经营成果的评价，因此，考察范围仅限于企业内部，从而表现形式较对外贸易社会经济效益单一。

（一）对外贸易企业经济效益表现为对外贸易企业的利润

对外贸易企业利润即对外贸易企业以货币表示的经营成果大于资金投入的部分。利润水平高低是衡量企业经济效益的最重要指标，在市场经济条件下，企业作为自主经营、自负盈亏、自我约束、自我发展的市场竞争主体，利润更是企业生存和发展的物质条件。企业经济效益好、利润水平高，就更有发展能力、更有竞争力。

（二）对外贸易企业经济效益表现为对外贸易企业劳动生产率水平的提高、生产技术水平的提高

企业在参加国际竞争、开拓国际市场的压力下，必须不断改进生产技术、提高劳动生产率水平；同时，通过进口贸易可直接获取国外先进技术，从而提高企业的劳动生产率水平和生产技术水平，而劳动生产率水平和生产技术水平的提高正是企业利润的源泉。因此，这些经济利益也属于对外贸易企业经济效益的范畴。

第四节　提高对外贸易经济效益的途径

一、提高对外贸易社会经济效益的途径

（一）认真转变观念，从思想上适应建立社会主义市场经济体制和实行两个根本性转变的要求

我国要从长期计划经济体制下形成的以追求数量增长和规模扩张为主的思想观念中尽快解脱出来，坚定以效益为中心的观念，正确处理规模与效益的关系，在讲求效益、质量、信誉的前提下，努力发展各项对外经济贸易业务。

今后发展对外经济贸易，必须更新工作思路，坚持以经济效益为中心，走集约化经营的路子，一定要把规模的扩大和速度的提高放在提高经济效益的基础上。

（二）进一步实施"大经贸"战略，推动我国对外经济贸易事业持续、快速、健康发展

我国实行对外开放以来，开放的地域、领域和范围逐步扩大，对外经济贸易本身已形成商品、资金、技术和劳务相互结合、相互渗透、相互促进、共同发展的格局，增强了对外经济贸易的综合竞争能力，对外经济贸易业务已扩展到整个国民经济的所有领域，成为促进国民经济发展的重要力量；对外经济贸易经营的主体已实现了多元化，商品经营的范围也在逐步放开；我们的对外经济贸易公司实行一业为主、多种经营，有条件的向集团化、国际化、实业化的方向发展，贸、工、农、技、商相结合，突破原经营理念，我国对外经济贸易的规模已相当大，我国已成为世界贸易的大国，要迈向更高的目标，主要应以提高质量、效益来求发展。

要实施"大经贸"战略，就要跳出部门的局限，从国家经济发展的全局出发，从整体提高国家或地区利用两个市场两种资源的能力出发，思考多部门、多行业、多领域的协作与配合，形成发展对对外经济贸易的合力，提高对外贸易的宏观经济效益。

（三）认真贯彻"积极、合理、有效"地利用外资的方针，提高利用外资的质量和水平

我国作为一个发展中的大国，为实现经济较高速度的持续增长，需要保持较大的国内投资规模。这一方面要依靠本国经济的发展，不断积累建设资金，另一方面要积极利用外资，弥补国内资金的不足。利用外资要着重提高外商投资的技术档次，促进利用外资由增加数量向提高质量和效益转变。要鼓励外商把资金投向农业新技术推广应用和综合开发、能源、交通、重要原材料等基础产业和支柱产业建设。鼓励外商采用高新技术和先进技术，把资金投入现有企业的技术改造，提高经济效益，生产适应国内市场和增加出口外汇的产品。积极、稳妥、有步骤地引导外商投资于第三产业。通过积极引导外商直接投资的方向和积极有效地利用国外贷款，增加对外贸易的社会经济效益。

（四）大力贯彻"科技兴贸"战略和"以质取胜"战略，优化出口商品结构

要提高对外经济贸易的经济效益，还要大力贯彻"科技兴贸"战略，加快出口商品结构的第二步调整，即由主要出口附加值低的初级加工制成品向主要出口附加值高的深加工制成品转变，大力发展机电产品，特别是成套设备、大型装备和高技术产品，提高出口商品的科技含量、档次和附加值；实施商标战略，扶持和培育名牌商品，从整体上提高我国出口商品的竞争力。同时，进一步贯彻"以质取胜"战略，依靠技术进步和科学管理，不断提高进出口商品的质量、对外承包工程和外派劳务人员的质量、对外援助项目的质量，提高利用外资的质量，增强对外经济贸易业务的发展动力。

（五）适应社会主义市场经济的要求，深化对外贸易体制改革

要提高对外贸易的社会经济效益，就要按照社会主义市场经济的要求，加大对对外经济贸易体制改革的力度。

首先，要把对外贸易企业的改革搞好，切实抓紧抓好"四要"的落实工作。一要整顿和充实国有对外贸易企业领导班子建设，特别是配备好"一把手"；二要转变主要依靠政策优惠的传统观念，丢掉依赖优惠政策的"拐棍"和"等、靠、要"的思想，增强市场意识、风险意识与竞争意识，增强生存的危机感和改革的紧迫感，加快内部机制改革；三要推动企业联合、兼并，促进企业规模经营；四要狠抓企业管理，重点是抓企业内部财务管理。

其次，进一步转变各级对外经济贸易主管机关的职能，要管方针、管政策、管规划、管监督。强化宏观管理，弱化并规范一事一批的微观事务性管理。把机关的工作重点转到调查研究、制定规划、制定政策上。大兴调查研究之风，深入基层，深入实际抓典型，以典型带动全局，提高工作效率和管理水平。

二、提高对外贸易企业经济效益的途径

（一）转变观念，提高对外贸易企业适应市场的能力

随着社会主义市场经济体制基本框架的建立，国家对外经济贸易的调控实现了由过去以行政手段为主的直接控制型向以汇率、利率、税率等经济手段为主间接控制型的转变。今后我国对外经济贸易的运行将建立在完整意义上的市场机制的基础上。汇率、利率的市场化，使得企业运行的环境条件发生了很大变化，不稳定性增强，经营风险加大。

客观环境条件已经发生和将要发生的变化，要求我们必须正视现实，转变观念，尽快从思想上和工作上适应这一变化，增强市场意识、竞争意识与风险意识，提高化解风险的能力与应变能力，学会在宏观经济参数的经常性变动中，把握时机，趋利避害，发展对外贸易业务。我们的企业对市场的反应还很不敏感，不少企业还有"等、靠、要"的思想，有的至今还想靠国家政策的保护过日子。这种思想必须彻底摒弃。

在我国对外经济贸易发展的过程中，规模与效益的关系是一个必须处理好的基本关系，对外贸易领域的出口规模与经济效益之间是对立统一的关系。规模以效益为基础，没有效益的规模是不能持久的。效益又总是和一定的规模相联系，没有一定的规模，就难以取得理想的效益；但规模并不等于效益，如果不顾客观条件盲目扩大规模，结果必然是低效益，反过来又会制约规模的扩大，形成恶性循环。

在当前情况下，应特别强调规模与效益的统一，要以规模带效益、以效益促规模，做到在自负盈亏和保证经济效益的前提下，扩大出口。

（二）深化企业改革，变粗放经营为集约化经营

在当前宏观经济条件趋紧的情况下，对外贸易企业要眼睛向内、苦练内功、发愤图强，提高生存与发展的能力。应当看到，在新旧体制转换时期，矛盾错综复杂，各类对外贸易企业，特别是在计划经济体制下国家曾给予较多保护的国有对外贸易企业遇到较多困难是正常的，应当看作激励企业转机制、练内功、调整结构、挖掘潜力、提高经营管理水平的压力和动力。要抛弃"等、靠、要"的不切实际的想法，才能争取主动。

就对外贸易出口而言，改革发展到目前的阶段，再靠国家采取人民币贬值的措施鼓励出口是不可能的。现在是由市场决定汇率。即使人民币贬值也只能采取经济手段，而不能采取过去那种行政办法。另外，也要考虑国际社会的反应。按美国、欧盟等主要贸易伙伴统计，他们的对华贸易均为逆差。如果我们采取进一步鼓励出口的政策措施，必然会引起他们的反感，可能带来相反的效果。所以，我们必须下功夫把对外贸易出口转上质量效益型轨道。我国人口多，人均资源少，必须提高商品的附加值，以较少的资源消耗创造更多的外汇。即使采取"两头在外"的发展战略，也要以较高的效益为前提。所以，必须深化对外贸易企业改革，向管理要效益。

深化对外贸易企业改革，一是要从切实调动企业和职工的积极性入手，抓好企业实行现代企业制度试点。二是要健全企业内部管理制度，实行规范化管理，管好、用好资金，防止形形色色的"跑冒滴漏"，彻底改变资金运筹能力差、成本控制能力低、经营渠道不稳定、费用开支不合理、国有资产隐形流失、劳动纪律松弛等现象。三是要推动贸、工、技结合，发展集团化经营，培育一批以贸为龙头，贸、工、技、商、银相结合的综合商社和以生产企业为核心的跨国集团，实行规模经营。当前是推进对外贸易企业规模经营和横向联合的好时机。各级对外贸易主管部门要因势利导，合理调整企业组织结构，对经营不善的企业实行兼并，推动资产和人员向优势企业流动，优化资源配置。四是要树立正确的经营方向，坚持一业为主、多种经营，向综合运筹要效益。要抓住时机，在扩大出口创汇的同时，积极开展进口贸易、对外经济技术合作、国内贸易和实业化建设以及进行有效益的项目投资等，实现国外、国内两个市场都上，两种效益都要发展。五是要改变不规范的承包责任制，实行美元工资含量和其他规范的激励制度。

1998年2月召开的全国对外经济贸易工作会议，要求进一步加强国有对外贸易企业的内部管理。对外贸易企业应通过加强管理，降低成本与费用，提高经济效益。加强企业管理，重点是加强企业内部财务管理，核心是资金管理。要通过盘活、挖潜，加速资金周转，使有效的资金发挥最大的效益。要强化投资管理，严格做好投入前的可行性分析，坚持集体审批制度，避免投资决策失误。

（三）加强政治思想工作，提高企业素质

提高对外贸易经济效益的关键，是要大力提高对外贸易部门、对外贸易企业的素质，而其中最重要的又是提高对外贸易工作人员的素质。目前对外贸易人员的素质远远满足不了改革开放、大力发展对外贸易、提高对外贸易企业经济效益的要求。

我们要有计划地加强在职干部的培训和考核，努力创造条件，提高对外贸易人员的素质。对外贸易企业要建立有效的思想工作体系，开展和加强爱国、敬业教育，增强职工的责任感，树立远大理想，发扬艰苦奋斗、勇于奉献的精神。

第七章　对外贸易企业收汇风险

第一节　对外贸易企业收汇风险管理研究

在国际贸易中，贸易风险是其中不可避免的问题。国际贸易的市场行情受到多种因素的限制，对对外贸易企业产生了一些不利的影响。国际贸易市场波动起伏明显，造成部分企业的实际外汇收益与预期外汇收益不一致，可能导致收汇过程中实际外汇收益减少甚至亏损。我国逐渐成为世界上最大的贸易国家，随着对外贸易规模的扩大，其中面临的风险也在增大。面对这些风险需要提升对其的防范、控制措施，保障我国对外贸易企业的合法利益。从坏账率的数据上看，我国的对外贸易收汇风险已经非常严重，制约了我国对外贸易的发展。导致坏账的原因之一是我国国内企业的激烈竞争，经常不计后果地追求订单数量，导致部分坏账的出现。另外，因为我国对外开放程度和其他发达国家仍有差距，导致我国对外贸易的保险保障制度不是很完善，对外贸易企业对保险保障制度了解较少，保费昂贵、参保率低，也在一定程度上增加了我国对外贸易企业坏账的概率。对外贸易企业收汇风险主要表现在汇率变化、延期付款、坏账等方面，需要进行深入的分析和研究，提升其对收汇风险的控制能力和手段。

一、以美国为主导的国际贸易风险

美国是世界上最大的经济体，同时拥有美元的铸币权，在国际贸易中占据着主导地位。在国际贸易出现危机时，美国会通过自身的经济、政治手段将危机向其他国家进行转移，造成其他贸易国经营困难，对国际贸易产生了严重的危害。我国作为国际贸易的重要参与国，美国的危机转移策略对我国的对外贸易产生了非常不利的影响，其中国际的汇率变动和贸易壁垒严重干扰了我国的对外贸易。

（一）美元的汇率变动带来的风险

美元自脱离金本位制以来一直呈现着贬值的趋势，美元又是国际重要的流通货币，美元的持续贬值使国际贸易出现严重的不平衡现象。自2008年美国爆发次贷危机以来，美元不断迫使人民币升值，对我国的对外贸易产生了明显的阻力。美国在爆发经济危机以来，经济发展不景气，政府的货币量化宽松政策不断将贸易风险转嫁给其他国家，使其他国家间的贸易行情不断恶化。由此看来，美元的贬值趋势影响了全球的贸易活动。

（二）美国债券动荡造成的汇率变动

美元的贬值趋势使美国的物价上涨，致使我国的进口加工行业物价成本上涨，导致流入国内的产品成本上涨。中国的外汇储备多投资在美国的债券市场，美国债券市场发生动荡，致使债券价值缩水。同时，美国通过资金回流的手段使我国的外汇储备大量流失，对我国的汇率稳定产生了极大的冲击，对出口贸易造成了严重的干扰和危害。

（三）美国的贸易壁垒造成的对外贸易受阻

美国一旦和其他国家贸易产生逆差，就会通过政治手段对其他国家的贸易进行限制，导致其他国家的出口贸易受阻。美国设置贸易壁垒的理由一般为其他国家的商品倾销或者商品价格垄断，会对本国的同类商品产生不对等的竞争关系。美国通常会使用本国的法律对其他国家的贸易行为提起贸易诉讼，或者对其他国家的商品征收额外的关税。

二、我国对外贸易收汇风险评估控制体系的建立

（一）风险控制的基本思路

在进行商业活动的过程中，交易风险的产生不可避免。风险评估和控制就是在商业活动中将可以预见的风险进行尽可能的控制和减少，防止出现过大的风险经济损失。

合理的风险控制需要对重大的风险做出判断和评估，减少因为重大风险造成损失的可能。风险控制首先是对风险的正确识别，对企业运行中的风险大小进行合理的评估和分析。对风险进行评估完成后，尽量减少在大风险上的商业活动，同时在出现风险损失时，能够根据制定的损失控制预案，尽量减少风险造成的损失，从而实现对风险损失的有效控制。在风险控制中，需要理性地对风险大小进行分析，合理地规避风险并建立相应的风险损失预案。

（二）在收汇风险中建立评估控制机制

现阶段我国的经济学家对收汇风险已经进行了详细的研究，给出了大量的收汇风险控制方案。但是在这些方案中，没有系统地评估收汇风险，给出的风险控制方案多以单个因素作为出发点，没有进行全面的风险问题考虑。现行普遍认可的收汇风险控制方案为"三加一"的管控模式。

所谓"三加一"模式是在对外贸易的企业中建立单独的收汇风险评估部门，针对性地对企业贸易中赊账企业的信用进行分析。"三"指的是通过对企业赊账信用的前期、中期、后期三个阶段进行风险评估，保证在收汇的过程中充分对收汇各个时期的风险

进行把控。针对以上分阶段的收汇风险分析机制，总结出一些必要的收汇风险评估标准。"一"指的是对外贸易企业应该对收汇的潜在风险因素进行全面的认识和了解，确定在收汇的过程中可能存在的潜在风险，并对每个潜在因素做好风险损失预案。收汇风险评估的前期准备工作应在企业的贸易中对贸易中可能出现的风险进行评估，并努力降低在贸易中产生风险的可能。

需要注意的是，在对贸易行为的调查过程中，需要对面临的风险进行提前的预案准备，防止在风险调查中因准备不足造成订单损失。在如今的国际贸易中，商业欺诈行为屡出不穷，在中期的风险评估过程中需要注意恶意欺诈行为的发生。同时，在风险评估中引入必要的信用考评模式，对贸易对象进行一定的信用评级，优化风险控制中的选择项目。严格管理公司内部人员，提升他们在进行对外贸易中的专业素质，在进行贸易的过程中严格遵守公司和合同的要求，及时履约。收汇风险评估工作的后期工作应该建立必要的追账机制，在收汇风险评估的后期工作中，难免会出现一些无法及时收汇的款项，面对这种情况，应该在风险评估部门中设立追账机制，挽回已经发生的经济损失。在进行追账的过程中，相关人员应该对国际贸易中处理贸易争端的法律、法规进行充分的了解，了解在追账过程中应该进行申诉的流程，保证能够合理合法地维护自身的利益诉求。

三、针对我国的收汇风险评估对对外贸易企业的改革

在我国的收汇风险评估中，国际上的追账困难是我国对外贸易企业的薄弱面。对此，首先，政府和企业应该加强在其中的引导，提升我国对外贸易的协商谈判能力。

在进行风险评估的几个阶段中，都应以维护公司自身的利益为第一考虑原则。对对外贸易企业中的收汇现状进行普遍的分析和研究，针对问题提出一些针对性的解决办法。在进行风险评估的过程中，充分调查分析其中可能出现的风险变化，同时履行好公司自身的职责和义务。

其次，企业之间最好能够建立综合性的信用评级系统，便于对外贸易企业能够对商业合同进行有效的识别，防止出现恶意的合同欺诈行为。在国际贸易中，美国是其中的主导力量，应该充分分析国际的政治和贸易变化，紧跟形势政策的变化。我国应该不断完善自身的对外贸易制度，充分保护对外贸易企业的合法权益，促进我国对外贸易行业的健康发展。

最后，对外贸易企业自身应该建立健全风险评估体系，确保风险评估制度能够有效地降低其在复杂的国际经济环境中所面临的收汇风险。

中国已逐渐成为世界贸易大国，在全球的经济发展形势不是很明朗的情况下，存在着国际贸易摩擦加剧的可能。对外贸易企业应该在纷繁复杂的国际经济形势下加速

自身收汇风险评估机制的建立，对收汇风险进行充分的控制，在保障自身经济权益的同时，培养企业员工养成良好的维权意识，充分学习国际的贸易仲裁制度及法律条款，在出现利益损失时，有效维护企业合法的经济利益。

第二节　对外贸易企业出口收汇风险管理

自改革开放以来，我国的对外贸易高速发展。根据国家统计局数据显示，从 1980 年统计进出口数据以来，除 2009 年受次贷危机影响同比下降外，其他年份进出口总额均同比增长，到 2014 年我国进出口总值 4.3 万亿美元，同比增长 3.45%，成为全球第一贸易大国。外贸依存度从 1980 年的 12.5% 提高到 2014 年的 42%。2014 年外汇储备余额为 3.84 万亿美元，是世界第一大外汇储备国。中国的对外贸易已经在国民经济中具有举足轻重的地位。特别是加入 WTO（世界贸易组织）后，中国加速融入全球经济，国际竞争能力逐步增强，中国的经济已与世界经济形成相互依赖的伙伴关系，为我国的经济发展提供了更多的贸易机会。但在对外贸易持续增长繁荣的背后却带来了一些令人担忧的影响，一方面是国际贸易面临的风险比国内贸易更形式多样，不可控因素增加；另一方面，由于现在的经济是由市场主导，大部分商品由短缺走向过剩，普遍变成了买方市场，赊销已成为主流贸易方式，在我国对外贸易结算中，信用证结算比例已下降到 20% 以下，赊销比例上升到 70% 以上，由此带来的海外应收账款问题日益严重。

一、对外贸易企业出口收汇风险管理普遍存在的问题

（一）内部管理不完善

对外贸易企业，尤其是国有对外贸易企业，由于之前在进出口业务中有特权，而且大部分为代理业务，内部管理不完善、工作作风松散，主要体现在以下几个方面。

（1）企业员工风险意识不强，潜意识认为外商大部分是按国际商业信用规则来交易，风险小，尤其是发达国家客户、大客户、老客户是安全的，容易受客户影响，在交易谈判中处于被动地位，而且在交易进程中对这些客户缺乏警觉性。

（2）合同条款存在漏洞，没有规范合同签订内容及要求，例如有些合同的货物品质规格未注明、结算方式错误、违约责任不明、合同要素缺失等，出现贸易纠纷时难以出示合同作为依据。

（3）没有建立业务流程规范，工作失误多，出口业务涉及的环节、单证非常多，很多企业的经办人员都是凭经验办事，而没有制定相关流程说明，一旦换人则易出现

操作失误的情况，如在信用证交易方式下，很多拒付货款的案例都是由于单证审核不严或不全面、单证不符等原因造成的；在报关过程中也时常会出现高报关或低报关现象。

（二）信用监管机制不健全

虽然国家陆续推出了《中央企业全面风险管理指引》《企业内部控制基本规范》《商贸企业信用管理技术规范》等多项关于风险管理建设的措施，但据有关统计表明，只有11%的对外贸易企业建立了信用监管机制，而其中外资企业占了93%，我国国内企业建立信用监管机制的比例相当低。有些企业虽然按政策要求制定了信用监管制度，但实际上是浮于形式，没有执行到位。有些企业设立的风险管理部门形同虚设，由几个职能部门人员兼任，职责不清晰，日常工作机制不完善，不能真正落实监管措施。制度和部门的缺失导致企业无法实施信用评估、客户授信额度管理等，造成企业的坏账损失率居高不下。

（三）信用管理方法落后

目前大部分企业的信用管理是靠人工，还未能掌握或运用现代先进的信用管理技术和方法。例如客户信息资料的搜集范围局限于网上公开信息或客户提供；客户信用评估没有设置系统的指标体系，往往凭个人主观判断，缺乏科学的决策依据；在业务进程中没有相关的信用额度实时控制；在货款跟进和追收中缺少专业的方法。往往会导致即使建立了完善的信用风险管理制度，但由于管理方式方法的不配套、不科学，信用管理的效果会大打折扣。

（四）忽视外商资信调查跟踪

在出口业务中，企业面对的是世界各地的客户，有些客户甚至从未见过面，也没有国际公开信息可以查阅客户的实际状况，也不能像国内贸易可以轻易查阅政府有关资料或实地考察客户的资信状况，如何做好外商资信调查就显得非常重要。但很多企业并没有意识到这一点，有新客户来询价，为了在竞争中抢占先机，尽快达成交易，在签订合同前往往没有考虑到去做客户资信调查；有些企业即使对新客户做了资信调查，但忽视对老客户的资信情况进行跟踪，没有实时更新客户的最新资信状况，放松了对老客户的调查，一旦客户经营困难，便可能会产生坏账，无法收回。

（五）国际结算方式选择不当

一般出口业务中的结算方式有三种：汇款、托收、信用证。结算方式的选择直接关系企业能否安全收汇，从风险角度看，各种结算方式都存在风险，只是风险大小不同，一般来说，赊销（O/A）和承兑交单（D/A）的风险最大，装运付款、即期信用证、银行保函最为安全。由于我国出口商品逐渐失去竞争优势，买方市场在全球贸易中正逐渐形成，外商往往以信用证和银行保函的办理手续复杂、费用高为由而提出选择赊销方式，而出口企业为了扩大营业额，增加市场份额，也逐渐接受了赊销方式，在这种结算方式下，进口商从收货到付款有一定的期限，市场行情变化或经营出现困难都会让进口商以各种理由拖延付款或少付款，出口企业承担的风险非常大，同时又没有配套的避险工具，最终可能产生巨额损失。

（六）国际环境日趋复杂，风险增加

当前国际环境受各国政治经济政策、外交政策、国际竞争力等影响而日趋复杂，对外贸易企业面对的风险不断增加，如近期发生的俄罗斯与西方的制裁战中，西方对俄罗斯实行金融制裁，而俄罗斯则宣布禁止从美国和欧盟进口食品和农产品，类似这些国与国之间的政治经济制裁、外汇管制、贸易壁垒、反倾销等都会直接影响出口企业的收汇。特别是 2008 年以来受金融危机的影响，外汇管制风险加大、汇率政策变动大，使出口企业面临的汇率风险加剧，人民币对外币的汇率风险可以分为交易风险、折算风险和经营风险。汇率波动的频繁性和不规则性，对出口企业提出了新的考验，有些企业缺乏一定的汇率风险意识，没有采取一些汇率避险工具规避风险，导致收汇时因汇率下跌而实际收到的人民币减少，减少了业务利润。

二、对外贸易企业出口收汇风险管理措施

（一）建立健全风险管理体制

1. 建立风险管理制度及规范

在收汇风险管理方面，主要必须建立客户资信管理制度、客户授信制度、应收账款监控制度，其中客户资信管理制度是核心，包括搜集客户信息、建立客户数据库、客户资信调查等，筛选优质客户，为后期业务打下良好的信用基础；客户授信制度是前提，包括信用申请审查、信用额度审核、交易审批等，明确和规范与客户间的信用关系，降低坏账发生率；应收账款监控制度是过程，包括应收账款的记录、跟进回款、反馈、催收、逾期处理方案等，全程监控应收账款情况。

2. 建立风险管理三道防线

第一道防线是业务部门，业务部门是企业的先锋部队，走在业务最前端，应该做好风险预防，将风险扼杀在萌芽期；第二道防线是职能部门，包括风险管理部、财务部、业务管理部等，通过风险管理架构及流程进行风险监控，协助业务部门做好事中风险处置和事后风险控制；第三道防线是公司管理层，包括建立风险管理系统、重大信用审批、重大风险决策等，是风险管理的决策者，指挥业务部门和职能部门的工作导向，将风险控制在最小范围内。

3. 提高员工风险防范意识

通过培训和宣传经营管理中存在的风险及控制措施，让员工在日常工作中能时刻

觉察到风险的存在，重视合同的签订和履行，妥善解决合同纠纷，加强风险预测、防范和控制，最大限度降低风险概率。同时企业应该梳理整个出口业务涉及的所有流程，编制流程图并列明这些流程的内容、操作要点、风险点，所有经办人员均按流程进行操作，减少人为失误造成的损失。

（二）规范合同管理，防范合同风险

合同是证明双方的贸易关系及确定双方责任、权利、义务、费用、风险的重要凭据，具有法律效力，一旦有一方发生违约，合同就是另一方进行补救、处理争议时最直接的证据。因此合同管理关键在于签订前要防范，履行阶段要控制风险，出现争议后要运用恰当的手段化解风险。

由于签订合同后双方必须按合同约定来执行，因为合同内容不恰当可能会存在一定的欺诈风险、履约风险、法律风险等，由于合同管理不严格，发生争端时出具合同才发现有条款不齐全、权责不明确等情况，甚至有些找不到合同，针对这些问题，为防范与降低在业务过程中的法律及合规风险，对外贸易企业应严格规范合同管理，具体如下。

1. 规范合同条款

出口业务需要签订销售合同、采购合同、运输合同、货代合同等，每种合同都有特定的要素，经过与业务部沟通及检查所有出口合同后，总结原有合同的问题，综合考虑本企业及客户的权利与义务，企业风险管理部联合法务部人员制订合同版本，要求各业务部对外签订合同时须使用公司范本，如因产品特点、客户交易习惯等问题与公司范本有不同的，须将部门版本提交法律岗审核后报风险管理部备案，认可后才能对外签订。同时要求销售合同和采购合同在交货期、品质条款、违约条款等方面有匹配性，发生交货延期、商品质量索赔时能相应追究供应商的责任，减少损失，保障公司权益。

2. 完善分级授权签字制度

按相关法律规定，合同签订者可以是企业法定代表人或其授权人。一般企业规定总经理、副总经理、部门负责人均有权对外签订合同，每个部门有经备案的合同章，合同最终审批人为合同的签字人，但有些部门并未严格按要求执行，偶尔会出现对外签订合同后才走公司审批流程，越权签字的情况，如需由总经理审批的合同，签字人却是部门经理，导致公司不能在签订合同前把控风险。针对这种情况，企业应要求各业务部须在公司合同审批流程完成后才能对外签订合同，各部门合同章由公司统一管理，须凭合同审批表及 ERP（企业资源计划）系统显示生效后去印章管理人员处盖章。

3. 制定合同统一归档制度

有些企业由于各部门分散保管合同档案而导致资料不完整，需要提供业务资料时

无法提供证据而处于不利地位。因此，对外贸易企业应制定合同完结后相关档案须统一归档检查的制度。每月 15 日前业务部须将已完结合同（包括销售合同、采购合同、装运合同、发票、提单等）的档案提交到合同管理员，合同管理员月底前对当月提交的合同进行检查，对于不符合公司规范的合同，要求业务部门补正或修改；符合公司规范的合同，则统一编号归档保管，保证业务资料规范、完整，以备上级单位、财政税局、外管、海关等有关单位的检查及出现业务纠纷时可以提供可靠证据。

4. 加强合同检查、审计

监审部每季度随机抽查本季度已归档的合同档案，对业务部和合同管理员的工作进行检查，从资料的合法性、真实性、完整性、一致性和合理性等方面进行审查，并出具合同季度审计情况报告提交给风险管理部，由风险管理部核实后并入季度风险管理报告中提交企业领导层。

（三）完善信用评估机制

近年来对外贸易企业在出口业务中因客户信用风险而造成损失的事件有很多，国际诈骗也时有发生，严重阻碍了企业的发展，因此完善客户信用评估机制成为企业风险管理的重要内容。

1. 加强客户资信调查

对外贸易企业在日常经营中发生的索赔纠纷、履约受阻、货款逾期等情况都与不了解交易对象的资信状况有关，而资信调查是了解交易对象的重要手段。通过资信调查有助于选定信用良好的客户并了解其信用额度，确定可给予的授信额度，因此在开展业务前或在跟客户确定贸易关系后定期作资信调查都是很有必要的。资信调查的方法主要有：① 与客户直接接触，如面谈或实地探访，同时还可以通过登录客户网站、内部媒介、客户提供的资料等进行了解；② 查阅客户在工商部门、海关、行业协会、银行等第三方机构中登记的信息；③ 聘请专业的信用调查公司出具资信调查报告；④ 公司内部的历史交易记录。各种方法因信息来源渠道不同，各有优缺点，企业可以根据自身的实际情况选择合适的方式去全面了解交易对象，并综合比较分析各种渠道获取的不同信息，以取得客户完整的信息，有利于后期对客户的评级及信用政策运用。

2. 建立客户资信数据库

做好客户资信信息管理最有效的方式是建立完整、准确的客户资信数据库。通过这种方式，公司可以将资信调查所收集的大量、重要的客户信息进行整理、比较、分析、保存，在业务经营过程中加以实际的应用。客户的资信数据库内容主要包含经营状况、财务状况和历史交易记录三大部分，其中经营状况主要是定性分析，包括客户背景、所在国家、所处行业、经营素质、市场与产品、企业文化、企业发展战略、管理层能力、信用记录等；财务状况主要是定量指标，包括客户的资本状况、盈利能力、偿债能力、营运能力等方面；历史交易记录也主要是定量指标，包括客户与公司一直以来的交易量、利润率、利润贡献率、逾期回款次数等。

3. 完善客户评估制度

之前业务部提交客户评估申请后仅由总经理办公室核定客户等级的审批流程，未能对客户综合考评。各部门根据职责范围审核客户的相关指标，如财务部须对客户评估申请表表明的财务状况进行检查，并可以对系统根据一定标准得出的评分进行调整（如有调整的必须注明调整理由），同时出具专业意见。风险管理部综合评分后，根据客户的重要程度再确定是否报总经理批准。

4. 制定和实施规范的信用政策

为了指导业务部与不同级别的客户洽谈业务时能有针对性地确定结算方式及信用期限等，根据客户的评级制定相应的信用政策，不同的信用政策配备不同的信用额度、结算方式、信用期限、公司资源等。这有利于公司在规避风险的同时，更好地维系与客户的长久关系，因为有了合理有效的信用政策，公司资源才能更倾向于优质客户，体现公司愿与客户共同发展的意愿，这更能得到善意客户的认可和信任，也能将一些有恶意念头的客户拒之门外，保证公司稳健发展。

5. 在 ERP 系统中建立客户评估系统及监控系统

在 ERP 系统中设置客户信用评估模块，以上审批流程及相关表格均在系统中自动控制，尽量减少人工操作，提高工作效率和评估质量，达到真正科学管理、规范控制的目的。业务部在系统中提交销售合同时，系统会将合同的结算方式、截至目前额度、收款条件等与该客户规定的信用政策相比较，超出规定值的不予以提交审批，须重新与客户协商更改合同内容或收回货款降低赊销额度等。如该客户有逾期款未能收回的，则会启动下面的应收账款追收机制，全面监控客户与公司的交易情况。

（四）建立应收账款监控和追收机制

货物一旦发出，能否按时收回货款至关重要，对外贸易企业在完善了信用评估机制后，应改进应收账款的监控和追收机制，全程跟进货款的安全收回。

1. 科学管理应收账款

（1）及时、全面准确反映应收账款。在业务部出口后三个工作日内在 ERP 系统中录入出运情况，在十个工作日内提交出运单据到财务部办理结算，同时外汇管理员每周从海关系统下载公司近期报关出口信息并导入 ERP 系统，对于已出口但超过规定时限未做出运单及交单结算的，系统会有提示并发送信息给相关业务员及财务部，待业务部做完结算交单流程后系统会记录提交日期，并记录逾期交单情况。

（2）动态跟进应收账款情况。如果对应收账款跟进仅限于每月关账后编制的应收账款明细表，时效性差，信息不全面。ERP 系统能及时反映出运信息后，财务部每天跟进截至当天的应收未收账款情况并编制逾期未收账款情况表，对于逾期未回的发邮件催收并抄送风险管理部、总经理办公室、监审部、副总经理、总经理等，业务部须在一个工作日内回复邮件说明原因及清理时间。

（3）完善业务部考核方案。为促使业务部对应收账款重视，企业在业务部考核方案中增加应收账款扣减利润项目，月末财务部根据当前应收账款情况编制《应收未收利润明细表》，并按扣减后的利润作为年度考核奖金基数，待应收账款收回后返还相应的利润。

2. 及时追收拖欠货款

对于逾期拖欠的应收账款应催收，根据美国收账者协会统计，超过半年的账款回收成功率为 57.8%，超过 1 年的账款回收成功率为 26.6%，超过 2 年的账款回收成功率只有 13.6%，所以应收账款一旦逾期应立即引起重视并积极采取措施催收。

（1）逾期信息反馈。当应收账款到期应收而未收后，ERP 系统会自动将逾期信息通知业务部、财务部、监审部、总经理办公室、风险管理部、主管副总、总经理等相关部门，业务部在一个工作日内须将逾期原因及预计处理时间反馈给以上人员，同时暂停与该客户签订合同和出运货物。对于只是短暂拖欠的，则由财务部跟进该客户的回款情况，并要求业务部通过电话、邮件等与客户加强沟通，并明确表示如未能及时收款则暂停供货。

（2）启动追讨程序。对于逾期 10 天以上的则由风险管理部召集相关部门研讨，启动公司层面的追讨程序，业务部提供客户目前的经营状况及与客户洽谈记录，财务部提供该客户的交易记录，总经理办公室检查该客户的相关合同及物流单据、货权单据，根据不同的结算方式采取不同的措施：O/A 赊销的则准备资料启动信保申报索赔程序；T/T（电汇）的则通知货代公司不能放货并在当地寻找客户，如果客户确实不能支付货款，则尽量在当地销售给其他客户，以免退运产生更大的损失；对于信用证、D/P（付款交单）、D/A 等已交提单的则马上与银行沟通，查找延后的环节。

（3）重新评估客户信用级别。客户发生逾期情况后，总经理办公室、风险管理部将根据其逾期原因和最后回款情况对客户的资信进行重新评估。如属于经常性拖欠但最后均能回款的则调低级别和额度并变更结算方式，如属于恶意拖欠的则列为 D 级客户，不再与其开展业务。

（五）选择适当的结算方式

业务部在业务谈判时须清楚各种结算方式的潜在风险，综合考虑客户信用、交易条件、产品特征、进口国政策等，尽量选择有利于企业的结算方式，以降低和规避出口收汇风险，对于新客户应采取谨慎的态度，原则上采用装运前 T/T 或信用好的银行开出的即期信用证，除非是很有把握的大客户，一般不宜采用赊销（O/A）和承兑交单（D/A）。对于信用证方式，须严格审核信用证条款，如出现不利于自己的"软条款"，务必修改后才发货，同时注意单证制作的准确性，以免给客户拒付找借口。

（六）积极使用风险规避工具

在业务开展过程中，有收益必有风险，即使企业有严格的风险管理体系，但有些风险是无法避免的，因此只能想办法将风险转移。对于汇率风险，企业规避风险的最好办法是人民币结算，但在目前买方市场情况下，外商不愿意承担汇率风险，很难要求用人民币结算，大部分对外贸易都是采取美元结算，因此企业须通过一些金融工具来规避，如远期外汇、外汇期权、掉期期权等是最直接、最有效的解决方式。对于赊销（O/A）、承兑交单（D/A）等风险系数高的结算方式，企业可以借助出口信保来减少损失，或通过银行的出口保理来降低风险；对于产品质量问题可能产生的赔付，可以通过购买产品质量险来获得保障。

第三节　T/T 结算方式的运用及其收汇风险防范

随着全球贸易的竞争日益激烈，市场格局已由卖方市场转向买方市场，结算方式的便利性与否成为顺利签订合同的竞争手段，T/T 作为一种最为便捷、高效的结算方式，具有手续简单、所需时间少、灵活方便、费用低等特征，为双方的贸易往来提供了便利，增加了贸易机会，受到买卖双方的青睐。因此，T/T 结算已经成为我国大宗进出口贸易的主要结算方式。

一、T/T 结算方式在对外贸易中的运用现状分析

电汇（telegraphic transfer，简称 T/T）是指汇出行应汇款人的申请，拍发加押电报（test/key）或电传（telex）或 SWIFT 电文给在另一个国家的分行或代理行（汇入行），指示解付一定金额给收款人的付款方式。

由于 SWIFT（society for worldwide interbank financial telecommunications，环球银行金融电信协会支付系统）具有传递速度快、准确性强、收费合理、操作规范及方便等特点，因此，SWIFT 通信方式已被各国广泛应用，并逐渐取代电报/电传。电汇方式的一个显著特点是快捷安全、手续简单、有利于卖方资金的周转。

T/T 是汇付的一种方式，属于商业信用。由于银行在办理汇付业务时并不处理买卖双方有关货物转移的单据，更不提供信用担保，只收取一定的手续费用，提供转账服务，所以国际汇付业务具有简便、快捷、费用低等特点。正是由于这一特点，使得国际汇付业务在国际结算中所占比重处于稳步上升的趋势。买卖双方合同的履行、货

款的收付完全依靠买卖双方的信誉。卖方能否及时安全地收到货款，完全取决于买方的信誉。如果买方信誉欠佳，卖方可能货款两空。

在实际业务中，买方通常以市场行情的好坏来决定是否付款，对合同条款的规定不够重视，而卖方又因为跨国索赔产生高额的索赔费用以及复杂的手续而放弃追索权，最终导致货款无法按时收回。因此，我们必须充分认识 T/T 结算方式存在的风险。

二、T/T 结算方式在对外贸易中常见做法及其风险

在常用的对外贸易结算方式 T/T、D/P、D/A、L/C 中，T/T 结算方式被认为是最及时的方式，但采用这种结算方式对卖方来说也隐藏着较多的收汇风险。

T/T 在对外贸易中比较常见的做法有三种：前 T/T（预付货款）、前 T/T 与凭提单复印件相结合、后 T/T（货到付款）。

（一）前 T/T（预付货款）的使用及其收汇风险

这种结算方式对卖方来说风险最小，对买方来说风险最大，一般买方难以接受，合同难以签订。但是，如果采用这种结算方式成交，对卖方来说依然存在收汇风险。

首先，卖方要注意货款到账和货款已汇出的概念区别，买方有时会以货款已汇出为由要求卖方发货，卖方在看到买方发来的汇款底单后直接发货，而对买方提供的汇款底单是否正确未加鉴别，如买方故意填错一个字母，导致货款不能汇入卖方的账户，而买方在收到正本提单后，直接要求汇出银行退款，在此情况下，对卖方来说最终货款两空。

其次，卖方还要注意电汇收据是否真实有效。T/T 结算是由买方向银行提出申请，银行接收后开出收据交付给买方，再由买方将电子形式的收据传真给卖方，卖方再发放货物。如果买方弄虚作假捏造或篡改电子凭证，如加盖假的银行印章的进账单或者经过涂改、伪造的汇款委托书传真文件等，对卖方称自己已经支付了货款，骗取卖方发出货物，汇款实际未汇出，使卖方面临着重大的经济损失。

（二）前 T/T 与凭提单复印件相结合的使用及其风险

这种结算方式最为常见，通常做法是：预付货款（30%）+ 余款（70%）at sight of Copy B/L。

在这种付款方式下，买卖合同签订后，买方随即将 30% 的货款作为定金支付给卖方，卖方装运货物后，将提单复印件传真给买方，买方确认货物已发后将余款电汇卖方，卖方收到剩余款项后将全套正本提单寄交买方提货。这种方式既保证了卖方的利益，也降低了买方的风险。

在使用这种结算方式时，应注意买方弃货、货代公司无单放货和汇率变动风险的情形。

1. 买方弃货

当进口国政策发生变化，买方利益受损时，买方有可能寻找各种理由弃货，给卖方带来巨大的收汇风险。

有些进口国海关规定进口退货或转卖必须征得买方同意，货物到达目的港后，买方故意以各种理由拖延或不办理清关手续，也不付款给卖方，更不同意卖方退货或转卖，使得货物长期滞留在目的港；而有些国家港规定不接受退运或者货物堆放超过一定期限未提货就不再允许退货，且会进行强制拍卖。在市场行情下跌时，买方会利用这些港口规定故意弃货，迫使卖方降价处理，或者买方等到海关拍卖时再以最低价格获得此批货物。

2. 货代公司无单放货

卖方虽然手持正本提单，但买方有时无须正本提单也能拿到货物。例如买卖合同采用 FOB（船上交货价）术语成交，由买方租船订舱，如果货代协助买方无单放货或私自放单给买方提货，那么买方可在没有正本提单的情况下就把货物提走。卖方丧失了货物的所有权，可能导致货款两空。

南美一些国家（如巴西、尼加拉瓜、危地马拉、洪都拉斯、萨尔瓦多、哥斯达黎加、多米尼加、委内瑞拉等国家）的法律规定，如果记名提单上的收货人是实际买方，他可以凭提单副本提货。在与这些国家的进口商进行交易时，就必须收到全款后才能发送提单复印件或者背书提单不得为记名提单。

3. 汇率变动风险

一笔买卖合同从成交到实际收回货款往往要经历 3~6 个月，时间越长，汇率变动的可能性越大，这往往会给交易的某一方带来明显的经济损失。如果买方需要用本币换取美元支付，而本币相对美元贬值，贬值幅度超过商品预期利润，进口商品的利润无法抵偿买方因汇率变动带来的损失，这时买方有可能直接弃货。

（三）后 T/T（货到付款）的使用及其风险

在这种结算方式下，卖方在没有收到买方支付任何货款的情况下，将代表物权凭证的全套货运单据交给买方，让买方提取货物后再将全部货款以电汇的形式付给卖方，卖方能否收到货款，完全取决于买方的个人信用。这种付款方式实际上是卖方提供给买方的一种信用，对买方最为有利，对卖方最为不利。在这种结算方式下，特别容易产生买方拒付货款、拒绝提货而产生运输、仓储、货款等巨额资金损失的情形，因此一般情况下不使用这种结算方式。

三、T/T 结算方式下卖方收汇风险防范策略分析

（一）根据客户信用选择电汇预付货款比例

在国际货物买卖过程中，一般要对客户的信用提前进行等级评估，并对双方的资产现状和实力进行综合对比分析。选择一个双方都满意的、符合双方利益的预付货款。预付货款一般是总货款的 30%，如果提高预付货款的比例，卖方收汇风险就相应降低。对于买方所在国家或地区政治环境动荡或者遇到汇率大幅下跌等情况，建议采用预付货款结算方式。

如果货款金额较大，而且又不能分批交货时，尽量不要用 T/T 结算方式。因为货款金额较大时，买卖双方无法保证对货物和货款的最终安排，可能因市场的变化较大而放弃交易，导致另一方受到较大损失。对于大单交易而又要采用 T/T 结算方式时，要采取"分批出运，分批结算"的方式来降低结算风险。

（二）投保出口信用保险

为了保证 T/T 结算方式下收汇安全，出口企业可以投保出口信用保险来降低出口企业收汇风险。

出口信用保险是保障出口商在经营出口业务的过程中，因进口商的商业风险或进口国的政治风险而遭受的损失的一种信用保险，是国家为了推动本国的出口贸易、保障出口企业的收汇安全而制定的一项由国家财政提供保险准备金的非营利性政策性保险业务。不以追逐利润为主要目的，而主要鼓励本国出口贸易，并有效降低收汇风险。在电汇业务中，卖方投保了出口信用保险以后，将买方不付款所带来的经济风险转移给保险公司。对于卖方来说，可以减少收汇风险。

（三）明确付款期限

在买卖合同支付条款中，应明确规定具体付款期限，如明确规定"见提单复印件3~5 日内支付尾款"，明确的付款期限为卖方催收货款提供了正当理由，也避免了买方延迟支付尾款的情况。对于恶意拖欠尾款的客户，也可以根据这项条款进行索赔。另外，在邮寄正本提单前一定要确认货款已经真正汇出，从而规避买方在获得正本提单后立即撤销汇款的风险。

（四）控制物权凭证

采用 T/T 结算方式，不宜采用空运、铁路运输等运输方式，因为这些运输方式所取得运输单据不是物权凭证，卖方一旦出运货物就丧失了货物所有权，买方不需要正本货运单据就可以提货，对卖方收汇带来隐患。

海运提单是物权凭证，大多数国家凭正本提单提货，船务公司也是凭海运提单交

接货物，海运提单成为约束买方付款赎单的有效工具。海运提单的物权凭证体现在提单"收货人"栏，卖方为了控制物权，要在"收货人"栏填写"to order"或者"to order of shipper"，而不应写上买方具体公司名称，等到相关货款到账以后再通过背书方式转让提单的物权。卖方在扫描提单给客户时，要注意把提单号和集装箱货柜号等重要信息进行遮挡。如果货物到达目的港后买方仍不付尾款，卖方可以凭自己手中的提单办理退运手续，且不必征得买方同意。

（五）选择合适的贸易术语

贸易术语尽量选用 CIF（成本加保险费加运费，又称到岸价）贸易术语成交，避免采用 FOB 或 CFR（成本加运费）术语。在 CIF 条件下，由卖方负责租船订舱，可以控制货物的所有权，但要注意尽量使用自己的货运代理商，卖方可随时随地对货物的物流运输状态保持跟踪，以防买方和船务公司勾结导致货款两空。有些买方故意以卖方指定的货运代理商运输价格太高为由，将自己的货运代理商推荐给卖方，如果卖方使用买方推荐的货运代理商，有可能出现买方与其指定货运代理商之间的无单放货现象。

在 CIF 术语下，由卖方自行投保并掌握保险单据，在货物运输途中一旦发生损失，卖方可以凭借保单从保险公司获得赔偿，从而避免由于买方拒绝接收货物，而货物又在途中出险而导致的货款两空的情况。如不得已采用 FOB 或 CFR 两种术语成交，为避免买方拒绝付款提货，卖方应当投保出口信用保险。

T/T 结算方式给中小对外贸易企业带来便利的同时，也存在一定的风险，因而出口企业要有风险意识，要特别注意买方的商业信誉和可能出现的收汇风险，通过采取合理措施最大限度地降低风险，保证及时安全收汇。

第八章　社会主义市场经济与对外贸易

1992年10月召开的党的"十四大"明确提出：建立社会主义市场经济体制，对于我国现代化建设事业具有重大的意义。1993年11月召开的党的"十四大"三中全会通过了《中共中央关于建立社会主义市场经济体制若干问题的决定》，此项决定是在总结国际、国内经验的基础上为社会主义市场经济体制设计的基本框架，它使社会主义市场经济体制具体化、系统化，更加清晰、准确、完整。社会主义市场经济理论是建设有中国特色社会主义理论的重要组成部分。建立社会主义市场经济体制是我国经济体制改革的最终目标，是一项系统工程，有一个长期发展的过程。在这个过程中，大力发展对外经济贸易事业，积极参与国际交换与国际竞争，引进国外的市场竞争机制，加速我国经济的国际化，可以加快培育和发展社会主义市场经济。因此，我国发展对外经济贸易事业是建立社会主义市场经济体制的必要条件和客观要求。在建立社会主义市场经济体制的过程中，又会为我国的对外经济贸易事业发展创造越来越好的环境和条件，开创广阔的前景。

第一节　社会主义市场经济的基本内涵与内容

一、市场经济的基本内涵

社会主义市场经济是社会主义条件下的市场经济的简称。市场经济的基本内涵如下。

（1）承认个人和企业等市场主体的独立性，它们自主地做出经济决策，独立地承担决策的经济风险。

（2）建立起具有竞争性的市场体系，由市场形成价格，保证各种商品和生产要素的自由流动，由市场对资源配置起决定性作用。

（3）建立起有效的宏观经济调控机制，对市场运行实行导向和监控，弥补市场经济本身的弱点和缺陷。

（4）必须有完备的经济法规，保证经济运行的法制化。

（5）要遵守国际经济交往中通行的规则和惯例。

二、社会主义市场经济的基本内容

社会主义市场经济理论是建设有中国特色社会主义理论的重要组成部分。建立社会主义市场经济体制是我国经济体制改革的最终目标和基本框架。《中共中央关于建立社会主义市场经济体制若干问题的决定》指出："建立社会主义市场经济体制，就是要使市场在国家宏观调控下对资源配置起基础性作用。为实现这个目标，必须坚持以公有制为主体、多种经济成分共同发展的方针，进一步转换国有企业经营机制，建立适应市场经济要求、产权清晰、权责明确、政企分开、管理科学的现代企业制度；建立全国统一开放的市场体系，实现城乡市场紧密结合，国内市场与国际市场相互衔接，促进资源的优化配置；转换政府管理经济的职能，建立以间接手段为主的完善的宏观调控体系，保证国民经济的健康运行；建立以按劳分配为主体，效率优先、兼顾公平的收入分配制度，鼓励一部分地区一部分人先富起来，走共同富裕的道路；建立多层次的社会保障制度，为居民提供同我国国情相适应的社会保障，促进经济发展和稳定。这些主要环节是相互制约和相互联系的有机整体，构成社会主义市场经济的基本框架。"因此，社会主义市场经济的基本内容包括以下几个方面。

（一）转换国有企业经营机制，建立现代企业制度

企业是社会经济的细胞，国有大中型企业是社会主义市场经济运行的主体。因此，转换国有企业特别是国有大中型企业的经营机制，把企业推向市场，是建立社会主义市场经济运行机制的中心环节。

1.转换企业经营机制的目标

转换企业经营机制的目的在于释放企业的潜力，解放和发展生产力，使我国的宏观管理体制和微观经济结构能够适应社会主义市场经济的要求。

按照《全民所有制工业企业转换经营机制条例》的规定，企业转换经营机制的目标是："使企业适应市场的要求，成为依法自主经营、自负盈亏、自我发展、自我约束的商品生产和经营单位，成为独立享有民事权利和承担民事义务的企业法人。"也就是说，转换企业经营机制的目标就是使企业成为具有"四自"的企业法人。

（1）自主经营，主要是要落实企业经营自主权，在国家宏观调控指导下，根据市场需要，自主地对生产和经营活动做出决策并组织实施。实质是依据有关法律法规自主行使《中华人民共和国全民所有制工业企业法》和《全民所有制工业企业转换经营机制条例》规定的各项权利，包括生产经营决策权、投资决策权、产品劳务定价权、进出口权、产品销售权、留用资金支配权、兼并和联营权、人事管理权、工资分配权、内部机构设置权、租金摊派权等。

（2）自负盈亏，是指企业要对其经营后果独立地享有相应的权益和承担相应的责任。

（3）自我发展，是指企业在自主经营、自负盈亏的基础上，依靠企业自身实力进行自我积累，推动企业技术和管理进步，实现资产增值，促进企业发展。

（4）自我约束，是指企业通过完善分配机制和约束监督机制，遵守国家法律法规，正确处理国家、企业、职工之间的关系，兼顾全局与局部、当前利益与长远利益，自觉规范企业行为。自主经营、自负盈亏、自我发展、自我约束是一个完整的有机体系。企业只有实现这"四自"，才能真正成为独立的经济法人，使企业走向市场，增强企业的活力，提高经济效益。

2.转换企业经营机制的前提条件是政企分开、两权分离

政企不分既破坏了企业应有的自主权利，又制约了企业的积极性、主动性和创造性，最后割断了企业与市场的天然联系，导致企业缺乏生命力，缺乏进入市场、参与市场竞争的内在动力与外部压力。因此，政府转换职能，实行政企分开、两权分离，是转换企业经营机制，把企业推向市场的前提条件。

政企不分的主要根源是产权不清。必须改革传统的一元化国有产权制度，明确界定产权，理顺产权关系。要在正确评估国有资产的基础上，建立企业法人制度，使企业拥有全部法人财产权，充分享有使用权、处置权和收益权，并承担风险、破产、清偿等责任。这是企业成为"四自"企业的经济基础。同时要转换一元化的产权主体为多元化的产权主体，要具体界定中央和地方、地方与地方之间的产权关系；按现代公司制度改造企业经营组织，形成多元化的产权主体。这样才能改变国家与企业的"父子"关系，使政企彻底分开，使企业走向市场。

3.建立现代企业制度是国有企业改革的方向

以公有制为主体的现代企业制度是社会主义市场经济体制的基础，是我国国有企业改革的方向。《中共中央关于建立社会主义市场经济体制若干问题的决定》中明确指出，现代企业制度的基本特征，一是产权关系明晰，企业中的国有资产所有权属于国家，企业拥有包括国家在内的出资者投资形成的全部法人财产权，成为享有民事权利、承担民事义务的法人实体。二是企业以其全部法人财产，依法自主经营、自负盈亏，照章纳税，对出资者承担资产保值增值的责任。三是出资者按投入企业的资本额享有所有者的权益，即资产收益、重大决策和选择管理者等权利。企业破产时，出资者只以投入企业的资本额对企业债务负有限责任。四是企业按照市场需求组织生产经营，以提高劳动生产率和经济效益为目的，政府不直接干预企业的生产经营活动。企业在市场竞争中优胜劣汰，长期亏损、资不抵债的应依法破产。五是建立科学的企业领导体制和组织管理制度，调节所有者、经营者和职工之间的关系，形成激励和约束相结合的经营机制。

建立现代企业制度，要继续贯彻《中华人民共和国全民所有制工业企业法》和《全民所有制工业企业转换经营机制条例》，把企业的各项权利和责任不折不扣地落到实处。加强国有企业财产的监督管理，实现国有资产保值增值。加快转换国有企业经营机制和企业组织结构调整的步伐，有步骤地清产核资，界定产权，清理债权债务，评估资产，核实企业法人财产占用量。

建立现代企业制度需要有良好的外部环境和内部机制。从外部环境看，最主要的是转变政府职能，真正做到政企分开；同时国家要培育和发展市场体系，完善市场机制，规范市场秩序，建立统一的市场规则，要加强政府的宏观调控和行业管理，建立和完善社会保障体系。从企业内部机制看，企业应尽快转变观念，牢固树立面向市场的指导思想；深化企业内部改革，主要是改革原有的人事、劳动、分配三项制度，使企业形成有效的激励机制、约束机制和发展机制，增强企业的活力；加强企业的内部管理，搞好经营决策，增强企业驾驭市场的能力；要大力培养经营决策人才和业务人才。

4.实行股份制是当前我国企业转换经营机制的一种重要经济方式

股份制是把企业的资产划分成若干股份，根据资产的数量多少及投资额的大小，确定投资各方的权力大小，由全体股东共担风险、共负盈亏的一种经营方式，其最基本的特征是生产要素的所有权与经营权分离。因此，实行股份制的最大好处是有利于政企分开、两权分离，使企业真正具有自主经营、自负盈亏、自我发展、自我约束的独立法人地位，它是有效地转换企业经营机制的最佳选择。

5.发展企业集团可以促进、推动企业经营机制的转换

企业集团是一种具有多层次组织结构的经济组织。构成企业集团的基础是多个具有"四自"能力的相对独立的商品生产者和经营者的自愿组合。因此，转换企业经营机制是发展企业集团的前提条件。

发展企业集团可以冲破条块分割的束缚，可以突破部门封锁和地区封锁，有利于冲击地区保护主义和市场分割的"诸侯经济"，从而有利于统一的市场体系的发展；而且，发展企业集团可以推动国家对企业的直接控制向间接调控的转变。因此，发展企业集团又可以促进、推动企业经营机制的转换，两者是相辅相成、相互促进的。

6.实行经营承包制是转换企业经营机制的一种过渡形式

经营承包制是在坚持社会主义公有制的基础上，按所有权与经营权分离的原则，以承包经营合同形式，确立国家与企业的责、权、利关系的一种经营管理制度。这种制度扩大了企业的自主权，使企业能够自主经营、自负盈亏，有利于企业转换经营机制。但是，经营承包制也存在由于承包指标不合理，造成不平等竞争和短期行为的缺陷，只能是一种过渡形式。

（二）培育和发展市场体系

发挥市场机制在资源配置中的基础作用，必须培育和发展市场体系。要推进价格

体制改革，建立主要由市场形成的价格机制。要改革现有商品流通体系，进一步发展商品市场。当前培育市场体系的重点是发展金融市场、劳动力市场、房地产市场、技术市场和信息市场等。

（三）转换政府职能，建立健全宏观经济调控体系

转换政府职能，改革政府机构，是建立社会主义市场经济体制的迫切要求。政府管理经济的职能，主要是制定和执行宏观调控政策，搞好基础设施建设，创造良好的经济发展环境。同时，要培育市场体系，监督市场运行和维护公平竞争，调节社会分配和组织社会保障，控制人口增长，保护自然资源和生态环境，管理国有资产和监督国有资产经营，实现国家的经济和社会发展目标。政府运用经济手段和必要的行政手段管理国民经济，不直接干预企业的生产经营活动。社会主义市场经济必须有健全的宏观调控体系。宏观调控的主要任务是：保持经济总量的基本平衡，促进经济结构的优化，引导国民经济持续、快速、健康发展，推动社会全面进步。宏观调控主要采取经济办法，建立计划、金融、财政之间相互配合和制约的机制，加强对经济运行的综合协调。

（四）建立合理的个人收入分配和社会保障体系

个人收入分配要坚持以按劳分配为主体，多种分配方式并存的制度，体现效率优先、兼顾公平的原则。劳动者的个人劳动报酬要引入竞争机制，打破平均主义，实行多劳多得，合理拉开差距。建立多层次的社会保障体系，对于深化企业和事业单位改革，保持社会稳定，顺利建立社会主义市场经济体制具有重大意义。社会保障体系包括社会保险、社会救济、社会福利、优抚安置和社会互助、个人储蓄积累保障。社会保障政策要统一，管理要法制化。社会保障水平要与我国社会生产力发展水平以及各方面的承受能力相适应。

第二节　建立社会主义市场经济体制与发展
对外贸易的相互关系

一、发展对外贸易是建立社会主义市场经济体制的必要条件

体制改革与对外开放是相辅相成的。建立社会主义市场经济体制是我国经济体制改革的最终目标，要实现这个目标，必须不断扩大对外开放，因为在当今世界各国经济发展日益国际化的大潮中，如果我国不依靠国外的力量，是不可能建立起社会主义

市场经济体制的。中国的经济离不开世界，中国的改革也离不开世界。无论是国内统一大市场的形成，还是经济结构、产业结构、企业结构的合理化，都不能孤立地在国内进行，而需要在世界经济的交换中进行。发展对外贸易事业是对外开放的最主要内容。积极参与国际交换与国际竞争，大力发展外向型经济，是加快社会主义市场经济建立与发展的必要条件。

（一）发展对外贸易有利于国有企业转换经营机制，建立现代企业制度

国有企业转换经营机制是建立社会主义市场经济的主要内容。而发展对外贸易积极参与国际交换与国际竞争，就必须按照建立在市场经济基础上的国际贸易规范开展对外经济技术交流与合作，这就要求所有直接和间接参与国际交换与国际竞争的国有企业尽快转换经营机制，以适应国际贸易规范的要求。国际市场是错综复杂、瞬息万变、充满竞争的，这就要求我国国有企业具有很强的适应能力、应变能力和竞争能力。要增强这些能力，关键是使国有企业具有良好的外部环境和内部机制，增强国有企业的活力。因此，发展对外贸易事业必然会形成一种外部压力，促进我国国有企业经营机制的转换，从而加快建立现代企业制度。

（二）发展对外贸易有利于培育和发展我国的市场体系

发展对外贸易意味着国际市场对我国开放，也意味着我国市场对国外开放。这样就会引进国际市场的竞争机制，使我国的价格体系向世界市场的价格体系靠拢，促进我国价格体系的改革。一般来说，目前我国机械、电子等技术密集型的加工工业产品价格高于国际市场价格，而初级产品和劳动密集型的加工工业产品价格低于国际市场价格。按照国际贸易规范发展对外贸易，就会在供求规律和竞争规律的作用下，使我国的价格体系同世界市场的价格体系逐步趋于一致，加快实现市场决定价格的步伐。同时，按照国际贸易规范发展对外贸易事业，也会相应地促进我国建立金融市场、技术市场、劳务市场、信息市场和房地产市场，从而加快培育和发展我国的市场体系。

（三）发展对外贸易有利于完善我国的市场机制

发展对外贸易事业，加强对外经济技术交流与合作，就能将国际市场的价格机制、竞争机制、供求机制引入国内，有利于逐步健全我国社会主义市场经济的价格机制、竞争机制和供求机制，从而加快完善我国的市场机制。

（四）发展对外贸易有利于我国建立良好的市场秩序和完善的市场规则

按照国际贸易规范发展对外贸易，就能够较快地学习和借鉴资本主义管理市场的经验，结合我国的实际情况，逐步建立起良好的市场秩序和完善的市场规则。

（五）发展对外贸易有利于我国建立社会主义市场经济的宏观调控体系

发展对外贸易事业，可以在实践中学习西方发达国家如何按照市场经济规律的要

求，制定管理市场的法律、法规和政策；如何运用价格、信贷、税收等经济杠杆和采取必要的行政手段管理市场经济，从而有利于根据我国的国情建立社会主义市场经济的宏观调控体系。

二、建立社会主义市场经济体制必然会促进对外贸易的发展

（一）提高社会生产力，为发展对外贸易提供雄厚的物质基础

发展社会主义市场经济，从微观上讲，转换国有企业的经营机制，使企业走向市场，会增强企业的活力，提高企业的素质，迫使企业改善经营管理，加速技术进步，增强竞争能力，从而提高社会生产力；从宏观上讲，主要以市场机制调配资源，使社会资源得到合理的配置，同样会提高社会生产力。社会生产力的提高，一方面将为扩大出口贸易提供雄厚的物质基础，另一方面又为扩大进口贸易增加技术引进条件，从而促进对外贸易的发展。

（二）加快对外贸易体制改革的步伐，促进对外贸易的发展

发展社会主义市场经济，要求进一步深化对外贸易体制改革。要使我国的对外贸易体制既适应社会主义市场经济的运行机制，又符合国际贸易规范，就要进一步深化进口体制、出口体制的改革，进一步深化对外贸易经营体制、对外贸易管理体制、对外贸易服务体制的改革，所有这些改革都能够为我国开展对外贸易活动创造良好的环境和条件，从而促进对外贸易的发展。

（三）加速我国经济同世界经济接轨，促进对外贸易的发展

发展社会主义市场经济，就会由过去主要采用行政性的计划和补贴的手段同世界经济进行联系，改变为主要采用市场机制的价格、汇率、税收的手段同世界经济联系，使我国市场的价格体系逐步向世界市场的价格体系靠拢，使我国的产业结构、产品结构逐步同世界市场的产业结构、产品结构有机地结合起来，从而加速我国经济同世界经济的接轨。这种接轨过程就是我国更深入地参加国际分工的过程，就是我国更好地参与国际交换和国际竞争的过程。对外贸易是中国经济同世界经济接轨的纽带。发展社会主义市场经济，加速中国经济同世界经济接轨，必然会促进我国对外贸易事业的发展。

第三节　实现对外贸易领域的两个根本性转变

党的十四届三中全会指出："实现'九五'和 2010 年的奋斗目标，关键是实现两

个具有全局意义的根本性转变，一是经济体制从传统的计划经济体制向社会主义市场经济体制转变，二是经济增长方式从粗放型向集约型转变。"对外贸易作为国民经济的重要组成部分，也必须尽快实现两个转变。

一、对外贸易领域两个根本性转变的含义及其相互关系

从理论上讲，经济体制转变的内涵是社会生产关系的自我调整与完善，增长方式转变的内涵是社会生产力的发展。两者是生产关系和生产力、改革和发展的关系。

就对外贸易看，我国对外贸易体制从传统计划体制向社会主义市场经济体制转变的基本含义是：由对外贸易主管部门统一领导和管理、对外贸易专业公司统一经营、实行指令性计划和统负盈亏的高度集中的对外贸易体制，向适应社会主义市场经济发展的、符合国际贸易规范的新型对外贸易体制转变。我国对外贸易增长方式从粗放型向集约型转变的基本含义是：由靠资金、资源和劳动的过量投入、追求数量增长的粗放型经营，向以提高经济效益为中心，采取综合性的有效措施，特别是向科学技术进步措施的集约型经营转变，即对外贸易增长由主要依靠数量、规模和速度转向依靠提高质量、效益和优化结构，在实现对外贸易可持续增长目标的同时，最大限度地提高对外贸易的宏观经济效益和微观经济效益，为国民经济的发展做出最大的贡献。

对外贸易领域实现两个转变要达到双重目的：一是建立对外贸易发展主要依靠质量、效益提高和结构优化的机制，实现本身可持续发展的长远目标；二是提高对外贸易发展对国民经济的贡献度，更好地为促进经济体制和经济增长方式转变服务。

对外贸易领域两个转变的关系是密切相关、相辅相成的。两个转变中体制转变是最根本的，是实现增长方式转变的前提条件，同时实现增长方式由粗放型向集约型的转变又有利于为深化对外贸易体制改革创造更好的条件。正如《中共中央关于制定国民经济和社会发展"九五"计划和 2010 年远景目标的建议》中所指出的："实现经济增长方式从粗放型向集约型转变，要靠经济体制改革，形成有利于节约资源、降低消耗、增加效益的经营机制，有利于自主创新的技术进步机制，有利于市场公平竞争和资源优化配置的经济运行机制。"

二、实现对外贸易体制转变的主要措施

（一）建立以经济、法律手段为主的对外贸易间接调控体系

首先，全国实行统一的对外贸易制度和政策，主要运用关税、汇率、利率、信贷、税收和其他符合国际通行规则的政策来调节对外贸易；按照市场经济的"效益、公平、公开、竞争"原则改革对外贸易行政管理体制，转变政府职能，在最大程度上弱化一事一批的机关事务管理，机关工作重点转移到调查研究和政策指导上，确需保留的少

量行政措施也要走上规范化、制度化的轨道，如进出口配额要实行招标、拍卖和规则性分配，提高政府机关的决策水平和服务效率。其次，加快立法工作，争取在"九五"计划期间形成以对外贸易法为主体的比较完备的对外贸易法律体系，提高依法管理的水平。

（二）实行有管理的放开经营

要按照市场经济的通行做法，"十五"计划期间基本确立对外贸易放开经营的总体格局，充分调动各类对外贸易经营者的积极性，发挥竞争机制的作用。加快实施对外贸易经营权由审批制向依法登记制的过渡，建立外商经营对外贸易的试点。减少统一经营和核定公司经营的进出口商品范围，规范和调整经营办法，适当引进竞争机制。

（三）推行现代企业制度，转换对外贸易企业经营机制

要按照国家统一部署，结合对外贸易企业的实际，"十五"计划期间在企业中建立"产权明晰、权责明确、政企分开、管理科学"的现代企业制度，按照公司法及其他配套法规的要求普遍实行公司化改造，转换对外贸易企业经营机制，建立科学高效的组织管理体系；同时，把对外贸易企业改革与改造、改组及加强管理结合起来，推动企业间的联合、兼并和建立广泛协作关系，提高实业化、集团化、国际化经营水平，还应继续实行企业股份制改革试点。

（四）建立、健全对外贸易中介组织体系，发挥进出口商会的协调功能

改革进出口商会、工程承包商会的组织机制，健全分商品的分会组织，大大强化商会的协调服务职能，充分发挥其在对外贸易经营活动中的协调指导和咨询服务的作用；健全会计师、律师、信息咨询等中介服务机构，有利于开拓国际市场和扩大出口服务。

三、实现对外贸易增长方式转变的必要性及主要途径

（一）对外贸易增长方式转变的必要性

长期以来，我国对外贸易发展走的是粗放型增长之路。这种粗放型增长为国家创造和积累了相当数量的外汇储备，对整个国民经济的发展起了强大的推动作用。但这种长期依靠资源消耗和资金过量投入来推动对外贸易发展的增长方式会给我们带来一些严重的不良后果：国家不可能长久地大量投入资源和资金，对外贸易出口难以保持后劲；对外贸易表面上出口的巨大发展，实际上却掩盖了出口商品结构、产业结构、劳动生产率、资金利用率、管理效益诸方面发展的减缓甚至滑坡；在投入产出比率低、经济效益差情况下的高速度增长是一种浪费，将破坏可持续发展。因此，转变对外贸易增长方式非常必要。

（二）实现对外贸易增长方式转变的主要途径

1. 转变思想观念

彻底扭转片面追求出口增长速度的思想观念，坚持在提高经济效益的前提下努力扩大出口的经营指导思想。我们强调提高经济效益，并不反对出口规模的扩大和出口速度的提高，而是要把规模的扩大和速度的提高建立在有效益的基础上，通过国际交换获得较大利益，为国家的现代化建设积累财富，促进国民经济的发展。

今后对外贸易发展战略的重点应转变到提高质量、效益和优化结构的方向上，对外贸易总量计划，特别是出口总量计划要转为真正的指导性计划，彻底扭转出口指标层层加码的倾向，克服盲目追求速度和规模的观念和习惯，在提高效益的前提下使对对外贸易保持与国民经济发展相适应的增长速度。

2. 走"科技兴贸"的道路

认真贯彻"科技兴贸"战略，依靠科技进步提高出口产品的质量、档次和加工深度，不断提高技术含量高、附加值高的制成品的出口比重，特别要扩大机电产品、成套设备的出口。要管好、用好商标，努力创自己的名牌，用名牌提高出口商品的附加值。通过出口商品质量、档次的提高和结构的优化，促使对外贸易出口向集约型转变。

3. 深入贯彻"以质取胜"原则

实施"以质取胜"原则，处理好数量与质量的关系，实现出口产业的战略升级。提高出口商品的质量、档次和实现出口产业结构的战略升级，是对外贸易增长方式从粗放型向集约型转变的重要基础，是提高经济效益的源泉。要在保持数量一定增长的同时，重点提高质量和优化进出口结构。利用外资、海外投资、技术进出口、对外承包劳务、援外等项业务，也应有同样的要求。这里的质量不仅是指把好货物的质量关，更重要的是改善工作质量和服务质量。就出口而言，"十五"计划期间要加大实施"以质取胜"战略的力度，进一步提高轻纺出口产品的质量、档次，增强自主开发和自我配套能力，在创名牌上多下功夫，尽可能提高轻纺产品的附加值；同时，积极推动机械、电子、汽车、化工等主导产业更多地参与国际竞争，逐步成为出口主导产业，实现国内产业发展目标与出口产业升级的有机结合，从根本上提高出口产业的整体国际竞争力，为更大程度地提高对外贸易的宏观经济效益与微观经济效益创造条件。

此外，还应加快与国民经济其他部门的融合，提高对外经济贸易对国民经济整体发展的贡献度，为促进技术进步、产业结构调整和提高宏观经济效益做出最大贡献。还应建立现代化经营管理体系，提高企业的微观经营效率。

对外贸易增长方式的转变不是一个孤立的过程，它与对外贸易体制改革、扩大开放、调整自身的发展战略和模式等都有着密切的关系，也与整个国民经济增长方式转变紧密相关。因此它不可能一蹴而就，必然是一个长期艰巨的工程，需要各方面付出艰苦的努力。

第九章　中国对外贸易与经济增长的关系研究

第一节　我国对外贸易和经济增长的动态关系

对外贸易分为进口贸易和出口贸易两种形式，随着我国加入世界贸易组织，对外贸易得到了空前的发展，也取得了世界瞩目的成绩。在对外贸易平稳增长的同时，其内部结构也发生着变化，进出口比例、一般贸易与加工贸易比例等也发生着变化，其中主要是进出口贸易对经济增长有着重大的影响。随着世界多元化、经济全球化步伐的加快，我国对外贸易受世界总体形势的影响会发生动态变化，下面主要根据我国对外贸易和经济增长的现状、分析方法、国内外关系以及策略等几个方面进行探讨。

一、我国对外贸易和经济增长的现状

（一）均衡性

随着改革开放，我国经济得到了长足发展，在国家政策支持和引导下，对进出口进行严密的监控，同时国家在 2014 年提出了市场主导经济的重大战略，改变了我国原有的国家宏观调控策略。这种政策的调整实际上也是适应社会和经济发展的变化。在国家政策正确的指引下，我国对外贸易和经济增长呈现了均衡性的发展，主要体现在对外贸易和经济增长的平稳性关系上。对外贸易的增长与经济的增长呈现正相关的关系，这种关系有利于我国经济、社会的发展，有助于我国降低经济危机的发生。

（二）相互拉动性

我国进出口贸易在整体水平上都是促进经济增长，起到正向作用。对外贸易的增加，带动、拉动我国经济的增长，这种相互拉动型关系在某种程度上是支持和维护我国经济稳定增长的局势，而经济增长对于对外贸易也有一定的拉动作用。我国国家领导人出访各国，带动了世界性的经济投资，同时也将我国企业和产品带进世界各国，这种现象也极大地发展了我国的对外贸易，促进了经济增长。

（三）不对称性

对外贸易和经济增长关系良好时，也不能忽略其中的危险因素。在进口贸易方面，如果是对我国经济、科技、社会起正向作用的，则会促进我国经济的增长，但如果引进国外劣质的产品或者文化，将对我国经济、社会的发展产生不好的影响。在出口贸易方面，虽然使我国企业获利，然而石油、天然气等不可再生资源的出口，无疑对于我国长久的发展是留有隐患的。因此，这种进出口贸易所带来的不确定性危险因素，对于经济的增长是不对称的，如何避免这种不对称，使其向着好的方向发展，是我国经济学家、政府、企业需要关注的地方。

二、分析对外贸易和经济增长动态关系的方法

（一）变量的平稳性检验

分析对外贸易和经济增长动态关系时，首先要考虑的就是变量的选择，不是所有的变量都符合要求，更不是所有的数据不经检验就能录用的。变量的平稳性检验即残差不具有时间趋势是有效避免"伪回归"的重要检测方法。可以采用 ADF 方法对相应变量进行单位根的检验，同时根据截距项和时间趋势系数的显著性来判断是否合理。

（二）模型建立和协整检验

分析对外贸易和经济增长动态关系时，需要建立科学、合理的模型，常采用 VAR（向量自回归模型）模型。在 VAR 模型基础上要进行协整检验，常用的是 Johansen 检验，对相关变量进行检验，判断几个变量之间是否有协整关系，通过协整方程可以看出进出口对我国生产总值的影响。

（三）因果检验

协整检验只是证明了进出口、GDP 等之间是否存在均衡关系，但这种关系是否真正成立需要进行因果关系检验，常用的因果检验方法是 Granger。Granger 可以分析进出口之间是否有因果关系，进出口、GDP 哪个是因、哪个是果，以及在不同时间的因果关系。

（四）脉冲分析

如何让 Granger 因果关系更加形象以及展示其过程，需要进行脉冲响应函数分析，脉冲响应函数可以使进出口关系的动态关系更加形象生动地表现出来。脉冲响应函数描述一个新的随机变量对已有和未来的变量的影响，可以预估风险性和对进出口进行评估。

三、国外背景下对外贸易和经济增长的动态关系

对外贸易和经济增长的动态关系是各国经济学家重点关注的研究领域，在定量方面，Dollar 在 1976—1985 年对 92 个国家采用普通最小二乘法的方式分析了进出口对外贸易对经济增长的影响，发现了出口贸易促进经济增长的这一结论。麦尔和麦克不纳在 1963—1985 年对 41 个国家运用广义最小二乘法的三阶段回归分析，得出了与 Dollar 一致性的结论，即出口贸易对经济增长具有显著性的影响。对于进口的研究，则没有得出出口促进经济增长如此明确的结论，Keller 对于进口贸易的研究发现，进口贸易与知识技术外溢可能存在某种关系，即通过进口国外先进技术、理论，促进各国科学技术的发展。

在定性方面，存在两种不同的观点：一种观点认为对外贸易促进经济增长，对外贸易的发展可以促进各国资源最大地发挥其作用，使各国在参与国际竞争中得到规模化、专业化的发展，促进国际分工。例如俄罗斯是天然气最大出口国，对于一些天然气稀缺的国家，可以让他们购买到天然气，同时也促进俄罗斯对外贸易经济的增长。对于汽车行业，例如日本东风系列，如果仅仅靠日本自己组装，则每年产量就不会达到现在的水平，其依靠的就是对外贸易，将零部件的生产安排到各个国家，达到了国际分工的局面，支持这种观点的经济学家主要有亚当·斯密、大卫·李嘉图、罗伯特逊等。另一种观点认为，对外贸易的发展会导致贫穷落后国家在世界化格局、分工中利益受到损害，导致贫穷国家越来越贫穷，持这种观点的经济学家主要有普雷维什·辛格和巴格瓦蒂。

四、对外贸易和经济增长的分析

通过对国外对外贸易和经济增长的分析，可以得出出口贸易对经济增长起显著的促进作用，而进口贸易与经济增长是不明确的。但就我国而言，则不能轻易地下此结论。国内经济学家对此问题进行了广泛而深入的研究，共有三种观点：第一种观点是赵陵、宋少华等人分析了 1978—1999 年的出口贸易总额与我国 GDP 之间的关系，发现从短期来看，出口贸易可以拉动我国经济的增长，但从长期来看，这种拉动作用并没有显示出统计学上的显著性。吴振宇等人的研究认为进口贸易对 GDP 的贡献大。刘晓鹏的研究对赵陵等的结论进行了证明和补充，其研究发现进口贸易对我国经济增长产生显著性的拉动作用，而出口贸易没有明显的差别。持第二种观点的季铸，其研究证明在某种特点条件下，进出口贸易都对经济增长起到促进作用。第三种观点认为，出口贸易对经济增长尤为明显，进口贸易对经济增长表现为长期效应，应该大力推进出口贸易，此种观点以张东阳等为代表。

通过对我国对外贸易和经济增长的分析，虽然国内也有所矛盾和不同的观点，但总的研究趋势是认为进口贸易对我国经济增长起到显著性促进作用，出口贸易可能带动经济增长。这种现象与国外对外贸易对经济增长影响是不同的，其原因主要是与我国基本国情有关。当前我国虽然经济平稳、快速增长，但是我国仍是发展中国家，与国外理论中的发达国家不同，我国需要依靠进口贸易中的科学技术、高级产品带动科技、医疗、工业等各方面的发展。因此，对于我国对外贸易和经济增长的关系研究，需要考虑我国的实际情况，不能盲目地跟国际结论走，否则将误导我国经济的发展方向。然而，虽然目前进口贸易对我国经济增长起显著性的促进作用，但随着我国经济、社会、科技的发展，这种作用将会被出口贸易取代，因此，不同时期、不同发展状况都会对进出口贸易与经济增长带来动态的变化，需要经济学家采用科学、合理的方法进行分析，指导我国经济、贸易的发展。

五、促进我国对外贸易与经济增长相互拉动的策略

（一）发展出口产业

虽然目前出口贸易对我国经济增长作用没有达到显著性的拉动作用，然而随着我国的发展，出口贸易将会成为带动我国经济增长的强大动力。因此，为了促进我国对外贸易与经济增长相互拉动，需要发展我国的出口产业，让我国经济增长保持持久的生命力。目前，我国出口产品较多，然而在质量上呈现参差不齐的现状，为了提高我国的经济竞争优势，需要发展我国出口产品，打造成具有竞争力、信誉力的产品。

（二）加强进口贸易

进口贸易是我国目前经济增长的主要对外贸易形式，因此需要加强我国进口贸易。进口贸易主要是为了引进先进生产技术、高科技产品等，因此加强进口贸易需要防止恶劣产品的进入，否则将会对我国经济发展产生不良影响。在进口贸易制度、政策上要严格把关，扩大我国产业格局，促进我国经济的繁荣和多样发展。通过进口贸易的发展，带动我国科学技术的进步，为人们提供更为高质的服务。

（三）促进国内消费和投资，改变经济发展方式

随着世界经济化格局的形成，对于世界发展是一种促进作用，然而也会带来负面影响。经济危机的频发、贸易保护组织的兴起以及世界经济的不景气都会对我国经济发展，尤其出口带来巨大的影响，并且国际社会对我国反倾销力度的加强，导致我国经济举步维艰。因此，如果要避免受到经济危机的影响，就要大力发展本国经济实力，从促进国内消费和投资入手，改变经济发展的方式，让国民带动经济的增长，同时经济的增长带动国民消费水平的提高。如果我国经济实力增强，则能有效避免世界外部的影响，保持我国经济平稳地增长。

（四）加强政府政策支持

经济的发展离不开政策的扶持，因此加强我国政府的政策支持将对经济的增长带来显著的促进、带动作用。政府应该根据对外贸易与经济增长的动态关系及时调整相应的政策，不仅加强进口检疫检验政策，还要加强出口产品质量检验政策，同时还需要扶持我国本土企业，使其有能力与世界经济大国竞争。在 2015 年习近平总书记访问英国时，与英国签署了很多外贸协议，带动了两国经济的交流与发展，同时也是对我国本土企业的扶持。毫无疑问，政府领导对国外发达或发展中国家的访问和合作，对我国经济的发展都是起重要的推动作用。

通过本节的分析，虽然发现在国外经济学家主流都认为出口贸易对于经济增长作用更为显著，然而在我国进口贸易对经济增长作用则更为明显，其主要原因是我国是发展中国家，而国外理论主要是依据发达国家。本节分析了我国对外贸易和经济增长的现状，即均衡性、相互拉动性、不对称性，分析对外贸易和经济增长动态关系的方法主要有变量的平稳性检验、模型建立和协整检验、因果检验及脉冲分析等。通过上述内容的阐述，本节对国内外背景下对外贸易和经济增长的动态关系进行了分析阐述，提出了促进我国对外贸易与经济增长相互拉动的策略，如发展出口产业，加强进口贸易，促进国内消费和投资，改变经济发展方式，以及加强政府政策支持等，为我国经济更好地发展提供了参考。

第二节　长三角地区的对外贸易及其与经济增长的关系

我国经济进入新的发展阶段后，建立了一个新的开放模式，这一模式是把效益作为中心，提出开放的方式并结合现实的选择，在新阶段确定新的开放理念，借由对外开放，建立多方面的贸易关系，增加外资，改变贸易格局，并进一步加快长三角经济发展的速度。

一、长三角地区的对外贸易

随着全球一体化的发展，以及我国对外开放的程度，让长三角借助当地特有的优势，变为我国改革开放最活跃的区域，不断扩大其对外贸易的规模，对对外贸易有很高的依存度。一个地区对对外贸易依存度的高度，决定了经济增长对对外贸易的依赖，充分体现出对外贸易的重要性。

（一）贸易规模

长三角地区的对外贸易以国际贸易为主，在近几年的贸易往来中，增加了进出口的贸易总额，而所有贸易中有超过三分之一的贸易是用跨境电子商务完成，形成了自由贸易区。截至 2010 年，长三角贸易进出口总额是 10 881.4 亿元，到 2017 年，进出口的总额已经接近 21 877 亿元。同时，长三角进出口总额也在大量增加，让它的对外贸易为经济发展提供助力。而在长三角的所有区域中，有很多省份都与国际企业建立了合作，包括江苏、浙江、上海市等，这些省市在新改革开放提出后，其对外贸易均呈现出了高速发展的趋势，其中，江苏省的对外贸易发展速度居中，浙江省最末，上海市对外贸易增长的速度持平，但仍是三者的首位。

（二）贸易结构

对外贸易结果是确定各构成要素的比例后，确定每个要素相互关联的关系，反映国家、地区的经济发展水平。所以，对结构的分析是基于商品现有的结构、方式、主体等，完成多方面分析，分析对外贸易的特征。

1. 商品结构

对商品结构的分析，可从中分析出某个区域主要的生产要素，以及资源配置是否合理。长三角现有多个出口产品中，已经从劳动密集型产品变为高技术产品，高技术产品所占的比例不断增加，这是长三角贸易结构改变的体现，2021 年中国高新技术产品出口额完成 9795.8 亿美元，劳动密集型产品的出口额明显减少。

2. 贸易方式

我国对外贸易有两种方式：一是加工贸易；二是一般贸易。前者的作用是解决资金不足、吸收劳动力，并在加工进行中使用先进的技术；后者的作用是预防市场风险，改变市场的整体布局，根据政策的调整改变方案。这两种贸易方式相比较，后者更容易体现地区的竞争力，实现可持续发展。以上海为例，其在对外贸易中有两种贸易结构，这两种贸易结构各占一定比例，截至 2016 年，加工贸易的比例是 56.1%，一般贸易的比例是 43.95%。

3. 主体结构

经济全球化发展的深化，加快了国际市场的分工，开展对外贸易的企业受此影响，需改变企业的性质。长三角地区对外贸易的企业中，国有企业的数量逐渐减少，私营企业的数量逐渐增加，改变了利益分配的方式。即从 2010 年开始，国有企业与私营企业等的进出口额都在成倍增加，而所有企业中，外资企业的出口额已经超过国有企业的出口额，成为主要的出口方。

二、长三角地区的对外贸易与经济增长的关系

分析长三角对外贸易与经济增长的关系，是根据现有贸易结构的改变分析经济的变化趋势，包括贸易进出口的资金支出，对地区的 GDP 稳定作用，即出口是用产品、

服务吸引外资，正向促进经济增长，而进口会在某方面为经济增长设置阻碍，这是从经济的长期变化方面分析。从经济增长的短期变化分析，贸易的进口、出口都会拉动经济增长，加快经济发展，同时，随着贸易进出口的增加、减少，也会反映出国际贸易对长三角贸易的影响。另外，在短期贸易进行中，出口不会给经济带来直接影响，但一旦有影响，就会呈现出长期性的特征。

由此，对于经济增长，是根据长三角地区对外贸易的格局，增加外资的引入，并优化投资结构。随着我国各区域经济发展战略的制定，让很多地区的经济发展都向东部转移，改变了东部现有的经济结构，在这一背景下，长三角的对外贸易必须在现有格局的基础上，用对外贸易吸收更多外资，继续保持这一区域的优势，优化国际资本的进入，深化高新计划的发展。同时，对于对外贸易的出口，采取有效的措施，拓展参与国际贸易的渠道，深化电子商务的发展，保证产品的出口质量，而对于对外贸易的进口，是用进口调节出口，尽可能保证进出口的平衡，进而实现贸易结构的升级。

分析长三角地区的国际贸易和经济增长的关系，是根据长三角地区贸易的基本特征以及贸易结构等，判断出口、进口会对经济增长带来哪些影响，并基于这些影响找到优化贸易格局的基本方案，以实现对外贸易的可持续发展，明确未来发展的思路。

第十章　促进中国对外贸易与区域经济增长的对策建议

第一节　经济全球化及区域经济一体化对我国对外贸易的影响

经济全球化是当今世界经济发展的必然趋势，区域经济一体化又是经济全球化这一大背景下的必然走向，两者既相互促进又相互制约。

一、对经济全球化的理解

经济全球化是在生产力高度发展的推动下，在国际分工空前深化的基础上，经济活动在全球范围内扩展，商品和生产要素在全球范围内自由流动，资源在全球范围内进行配置，在不断发展的科技革命和生产国际化的推动下，世界各国和地区经济相互依赖、相互渗透日益加深，逐渐结合成一个统一的整体。经济全球化有利于资源和生产要素在全球的合理配置，有利于资本和产品在全球的流动，有利于科技在全球的扩张，有利于促进不发达地区经济的发展，是人类发展进步的表现。

经济全球化主要体现在以下三个方面：首先，贸易交往的增加使得世界市场联系越来越紧密。其次，贸易的扩大和市场的逐步统一又使得各国经济对贸易的依赖程度大大提高。最后，国际资本跨国流动规模越来越大。

科技革命带动了生产力的发展，使世界经济进入新时代，突出表现为资本国际化程度不断加深和跨国公司实力不断增强，更重要的是，当今世界除极个别国家外，都在实行市场经济，尽管各国运用市场手段和实行国家宏观调控的程度不尽相同，一个大市场使各国之间的相互联系和相互依存大大加强。但是世界各国还面临着诸多的共同的全球问题，这些因素都影响了经济全球化的进程。

经济全球化对世界经济的影响是复杂的，在推动世界经济总体增长、提高生产要素的全球配置资源、促进国际投资方面是有积极作用的，但经济全球化是一把双刃剑，一方面提供了前所未有的机会，另一方面也对传统的价值观念提出了挑战，如果处理不当，会为经济全球化付出代价的。

二、对区域经济一体化的理解

区域经济一体化，是指相邻相近的或者特定的地理范围内的两个或两个以上的国家，为了维护既有的、实现未来的共同的经济和政治利益，通过签订某种政府间的条约或协定，制定和规范共同的行动准则，协调一致的政策，乃至建立各国政府授权的共同机构，进行长期和稳定的超国家的经济调节，达成和实现经济的甚至是政治的联盟。区域经济一体化建立区域市场，降低了在全球范围内配置资源的搜寻成本。另外，一体化的区域经济由于各个方面的相似性，可以有效地降低交易成本和违约风险。

（1）欧盟。在欧盟的持续发展和扩大中存在的问题和矛盾在一定程度上会影响和制约它的发展。但继续发展和扩大的趋势是不会改变的，欧盟今后不仅是欧洲的决定性力量，也会成为世界经济中的一个决定性因素。欧盟是目前世界上最有成效、一体化程度最高的一个区域性集团，是区域集团化获得成功的典范。

（2）北美自由贸易区。北美自由贸易区是由美国、加拿大、墨西哥三国首脑于1992年10月17日签署北美自由贸易协定后成立的，经三国国会批准后于1994年1月1日正式启动。北美自由贸易区这种不同经济发展水平国家的地区集团化具有自身的特点和意义。美国在其中起主导作用的北美自由贸易区的建立和发展，使世界经济区域集团化的色彩更加鲜明，它不仅直接关系北美甚至美洲经济的发展，也会对世界经济产生深远的影响。

（3）亚太经济合作组织。亚太区域经济近十多年来发展较快。1989年11月，经澳大利亚提议，在堪培拉举行了首次亚太经济合作部长会议，亚太地区有组织的经济合作正式起步。1993年6月，正式启用亚太经济合作组织（APEC）的名称。此后迅速发展，每年召开一次非正式首脑会晤。

APEC在面对诸多矛盾的同时，在协调亚太地区经济关系方面取得重大进展，形成了独具特色的"亚太经济合作组织方式"，成为目前成员最多、最具活力的区域经济组织。它的成员既有发达国家，也有发展中国家；既有资本主义国家，也有社会主义国家。APEC在强调贸易投资自由化的同时，还追求地区经济技术合作的目标，反映了发展中国家的愿望，使APEC免于沦为少数发达国家打开他国经济大门的工具。APEC采取的这种协商方式符合本地区的实际，不仅有利于在平等的基础上使APEC成员经济得到发展，也将对世界范围的经济合作、世界经济全球化的发展产生巨大而深远的影响。

三、两者既相互促进又相互制约

（1）两者的相互促进。经济全球化是通过市场机制把世界各国联系在一起的，区域经济一体化则以实现区域经济协调、均衡和有序发展为目标，在政府间签订自由贸易协定、推行区域经济一体化措施、实现一体化目标，是国家起主导作用的过程。区域经济一体化是通过国家对国家的谈判把那些愿意参加一体化结盟的国家联系在一起的。在全球市场自由的状态下，风险是很难规避的，经济全球化发展过程中还存在诸多风险；而在经济区域化的状态下，风险是可以得到控制和化解的，一体化的区域经济可以有效地降低资源配置的成本，降低违约风险。经济全球化与区域经济一体化都是由经济发展的必然规律决定的，两者之间既相互促进又相互制约。

区域经济一体化对经济全球化起促进作用。区域经济一体化为经济全球化准备了条件。区域经济一体化促进了国家分工的深化，加强了区域内部各加盟国之间的合作与交流，推动了各加盟国的经济发展，在此基础上通过强化跨国公司的贸易功能，必然进一步促进经济全球化的产生。区域经济一体化使集团间的竞争日益激烈，所以特定区域外的国家要想获得竞争力，就要通过跨国公司进行直接投资。区域经济一体化下的贸易制度也为经济全球化提供了重要的参考作用。

（2）二者的相互制约。区域经济对经济全球化的阻碍作用比较明显。随着区域经济的发展，区域经济的合作组织，如北美自由贸易区、欧盟等发展完善。各加盟国对区域经济依赖性加强，再加上区域对外合作能力的提高，给世界经济带来更大的竞争局面，同时也导致了经济发展的不平衡。区域经济是为了实现区域内的经济发展，提高经济效益，区域内部成员之间分工合作，相互依存。经济全球化则是为消除全球经济间的贸易壁垒努力，区域经济在这一方面与之出现矛盾，区域经济以地域为名为贸易提供一种新的保护手段，这种保护手段对于区域外的成员来说就是阻碍它们之间相互合作的贸易壁垒。区域经济强化了其内部产品的竞争力，对区域外的产品采取了比较严格的防范制度和措施，不惜一切手段组织其他区域或国家的产品进入。这一行为满足了区域内的经济发展，但是对于经济全球化来说，则伤害了全球经济之间平等合作的基础，加大了国与国或区域与区域之间对话的难度，妨碍了经济全球化的进程。从长远利益来看，不利于经济全球化的顺利发展。

总之，经济全球化与区域经济一体化之间的矛盾是存在的，但这两者之间的矛盾又是对立统一的。两者之间虽然实施途径相异，但最终目的都是为了推动世界经济的发展。经济全球化与区域经济一体化都为企业创造了统一的市场环境，为世界各地的商务活动提供了便利条件。两者的相互作用必然会影响世界经济、政治格局。两者之间应该加强合作与交流，相辅相成，在全球化不断向前发展的情况下，必然会克服两者之间存在的矛盾，最终推动全球经济持续稳定发展。

四、经济全球化及区域经济一体化下的我国对外贸易

（一）经济全球化及区域经济一体化的影响

（1）经济全球化及区域经济一体化下国际贸易的弊端。在经济全球化及区域经济一体化下，发达国家与发展中国家之间的贫富差距不断加大。发达国家经济实力雄厚，占据主导位置，往往是获利者。而发展中国家由于经济实力薄弱、技术水平低、生产设备落后、生产成本高等原因，经常处于劣势。这使得国际贸易出现了不平衡，发达国家与发展中国家的贸易往来很少，资本流通受阻，不利于全球化的正常贸易。在经济全球化背景下，一些发达国家对发展中国家进行资源的掠夺和开采，并将一些高污染、高耗能的企业转移到发展中国家，还将一些垃圾及有害物质向其他国家倾卸。这样的国际环境就不利于国家间贸易往来，不仅危害了受害国的利益，更是危害了世界和平，不利于人们健康舒适的生活。经济全球化及区域经济一体化使得许多国家、民族间的冲突增大，这都不利于国际贸易的健康发展。在全球范围内，有许多的民族，每个民族都有属于自己的文化、文明、价值观，当经济往来时，这些民族之间就会产生摩擦。在办事方法、待人接物等方面会有歧义，造成沟通困难，也不利于贸易的正常进行。

（2）扩大对外贸易。中国加入 WTO 后，在经济对外方面有了突破性的进展，对外贸易量也是逐年上升。但中国是人口大国，GDP 总量虽然很高，但人均收入仍位列后几位，人民的生活水平依旧差距较大。面对这样的国情，我国必须进一步扩大对外贸易。我国的对外贸易总是依赖于劳动输出，在技术及知识领域与发达国家相差甚远。所以我国要改善对外贸易的环境，在技术、知识领域积极提升，显示出优势，才能在国际市场中占据一席之地。我们的优势主要集中于充足的劳动力和丰富的自然资源，我们要充分利用这些优势，但是不能仅仅依赖这些，自然资源是有限的，不是"取之不尽，用之不竭"的，我们要在尊重资源的基础上合理开发应用。总之，我们要积极改革，不断进步，让中国的国际贸易在世界上有一席之地。

（3）深化产业结构。中国的经济想要跻身世界顶端，光靠单一的产业结构是很艰难的。深化经济体制改革，建立完善的社会主义市场经济体制，是中国应对经济全球化及区域经济一体化有效的方式。中国的产业结构一般是比较浅层次的，如一部手机的完成，核心部件是其他国家的，而中国的工作只是外壳的制作、整机的组装，在中国来看，赚的钱是很少的，而且对于中国的环境和资源是浪费的，不利于长期发展。所以，中国要改善这样的产业结构，积极引进国外的先进技术和经验来促进发展。对于本国的人才培养也要重视，培养出属于自己的人才，才能占据有利地位，有利于深

化产业结构。

（4）突破贸易壁垒。经济全球化及区域经济一体化导致许多国家建立了自己的贸易体系，利用关税壁垒，只允许本国内部或指定国家进行贸易往来，将很多国家排除在外，不得与本国有经济往来，这样虽然有利于本国产业的持续发展，但不利于世界经济的共同发展。中国因为有着廉价的劳动力，所以出口的商品价格较其他国家低，中国的商品在国外很受欢迎。基于此，很多国家都建立了针对中国的贸易壁垒，导致中国出口商品的积压、资源的耗费。针对这一问题，中国可以采取"逐个突破"的策略。也就是说，在中国形成几大产业集中地，每个地区都有属于自己的产业，追求本产业的"精"。例如，在浙江义乌，就以出售小商品为主，义乌的饰品、玩具在全国都是领先的，所以将小商品的批发定在义乌，有利于商家的竞争，形成质量更好的产品，出口时也就更具有优势。再如上海，是改革开放后的重点经济地区，是中国对外开放的标志，具有一大批经济技术开发区、高新科技园区、金融贸易区等特区。我们就要以此为中心，建立上海的经济特区地位。

（二）经济全球化及区域经济一体化的作用

（1）经济全球化及区域经济一体化促进了国际贸易的各集团内部的经济增长。因为在经济全球化及区域经济一体化下，每个经济区域组织都有属于自己的贸易条例，内部成员在其中享受着贸易的方便，有的建立了共同的税率机制，在成员之间税率是相同的，制定了相同的税率来对外；有的不仅在经济上形成了同盟，还在政治上、军事上也建立了同盟，有利于成员之间经济、技术合作和交流，实现经济互补，同时也促进了地区经济发展和繁荣，提高了国际地位和竞争力。欧盟、北美自由贸易区、东盟、亚太经济合作组织都是区域性的经济组织。不仅对成员内部有积极影响，对于世界来说都是有利的，增强了世界的多极化趋势，有利于世界和平，促进了资本、技术、人才和商品的国际流通，推动了世界经济的发展。

（2）跨国公司在经济全球化及区域经济一体化下的国际贸易。跨国公司是国际贸易的主要力量，如果跨国公司可以很好地利用经济全球化及区域经济一体化，在竞争中显示出特有的特色，那么国际贸易也会不断发展。首先是跨国公司间的外部交易。优胜劣汰是自然生存的法则，跨国公司也不能避免这样的境况。公司间可以采用兼并的形势，将一些不占据优势的企业兼并，扩大自己的产业，或者可以收购一些小型企业，增加自己企业的覆盖率，对于跨国公司的发展是有利的。其次是跨国公司间的内部交易。"有则改之，无则加勉"，在企业间也是可以说得通的。跨国公司也需要各种新力量的加入。这就说明每个企业间要互相学习、互相借鉴，当然不能将核心产品共享，但一定的管理方式、制度方式还是可以借鉴的。共同促进企业的长期发展是每一个企业合作的前提。

（3）中小企业在经济全球化及区域经济一体化下的国际贸易。中小企业虽说不是国际贸易的主流，但也是国际贸易大流中不可缺少的活跃力量。中小企业的发展要有一个强大的后盾力量，这个力量就是政府的支持，得不到政府的支持，中小企业的发展就会受到严重的阻碍。只有政府重视、支持中小企业，才能使其增加国际竞争力，才能健康稳定地发展。人才是中小企业发展的核心，没有人才的加入是很难进步的，所以中小企业要广招贤才，给人才自由发挥的空间，这样才能增加企业的活力，使企业有更广阔的发展前景。中小企业要有与大企业合作的勇气，要有融资的勇气，只有与大企业合作，才能更快地使企业扩大，给企业注入新鲜的血液。在运行过程中，企业要不断与大企业争取贸易的机会，要积极利用闲置资金促进企业发展。

世界从分散走向整体，是一段艰难的旅程。从新航路的开辟到现在各国间的频繁往来，是一个不可逆转的趋势。国际贸易则是应运而生，符合了经济全球化及区域经济一体化的需求，符合了国际交往的需求，更加促进了世界经济的多极化发展要求，即世界的丰富性。虽然国际贸易的发展是坎坷的，但是对世界人民是利大于弊的，我们一定要不断创新，不断改革，不断进步，解决发展道路上的问题，在经济全球化及区域经济一体化下的国际贸易才能持续稳定地发展。

第二节　实施全方位对外开放，促进内蒙古自治区对外贸易实现跨越式发展

充分发挥内蒙古自治区内联八省、外接俄罗斯和蒙古的区位优势，抓住国家实施"一带一路"倡议、支持沿边开发开放等重大机遇，以深化对外开放带动自治区对外贸易实现跨越式发展，应着力在提高认识、解放思想、明确思路、通力合作等方面提高工作主动性和自觉性。

一、提高认识，促进全面对外开放

当前，经济全球化趋势不可逆转，区域经济一体化进程显著加快，开放引领发展的趋势更加明显。受历史、自然条件和周边环境影响，内蒙古自治区开放型经济规模总体偏小，经济贸易合作层次不高，对外开放机制不够健全，经济贸易和人员往来便利化水平亟待提高，对外开放不足仍然是自治区经济社会发展中的短板。通过扩大对外交流合作，引进资金和先进的技术、理念、人才，紧盯国际市场发展趋势，提高企业经营和创新能力，推动自治区产业发展加快融入全球产业链、价值链，有利于转变

自治区粗放型经济增长方式，减少经济增长对传统工业规模扩张的过度依赖，为新常态下自治区经济发展注入新的活力。对外贸易是我国开放型经济体系的重要组成部分和国民经济发展的重要推动力量。对外贸易出口是拉动我区经济发展的短板，同时也是拉动我区经济发展潜力所在。全区上下必须牢固树立开放发展理念，充分认识对外开放对经济社会发展全局的重要作用，积极发挥我区地缘、资源、人文等优势，着力培育开放型经济新体制，把扩大对外开放作为加快经济发展的助推器，作为经济工作的着力点，在更大范围、更宽领域、更高层次上推进新一轮对外开放，进一步增强我区发展的新优势。

二、解放思想，凝聚对外贸易发展新动力

习近平同志指出："改革开放到了一个新的重要关头。我们在改革开放上决不能有丝毫动摇，改革开放的旗帜必须继续高高举起，中国特色社会主义道路的正确方向必须牢牢坚持。"站在新的起点上，我们要凝聚开放的共识、增强开放的自信、厘清开放的思路、提高开放的能力，牢牢把握对外开放的主动权，敢于啃硬骨头，敢于涉险滩、闯难关，不断为我国改革发展注入强大动力。当前，我区一些部门执行制度刚性过强，不敢担责，使各地先行先试和制度创新困难重重，有些工作其他省区能做、已试行了，但在我区就执行不了。这在一定程度上反映了一些干部思想僵化、管理理念滞后，不能完全适应形势任务的需要。对外贸易工作是联结国际与国内、工业与农业、城市与乡村、生产与消费的桥梁和纽带，涉及面广，专业性强，形势变化快，各级领导干部只有进一步解放思想，更新观念，摒弃束缚手脚的"老框框""老套套""老调调"，借鉴发达地区的先进经验和管理模式，结合本地实际，大胆探索，敢于突破，开辟新途径，寻找新路子，才能推动对外贸易工作顺利开展。同时，进一步健全对外贸易工作督查和问责机制，定期通报各盟市的工作进度和对外贸易运行情况，对工作不力的地方要约谈，帮助分析原因，及时加以整改，对工作表现突出的地方，要继续给予政策倾斜，既要督查政策落实的"最后一公里"，也要督查政策出台的"最先一公里"，确保国家和自治区各项政策尽快落地见效。

三、明确思路，推动对外贸易扩规模、转方式

在全面实施对外开放大背景下，做好当前和今后的对外贸易工作，要立足当前、着眼长远、统筹施策，既要顶住下行压力，努力促进对外贸易增长，也要打好发展基础，把握关键，重点突破。一是壮大对外贸易经营主体。大力引进境外、区外产业竞争力强的企业来我区注册开展对外贸易；通过政策引导和扶持，培育发展一批自治区地方对外贸易自营出口企业。搭建自治区对外贸易综合服务平台，帮助广大中小微对

外贸易企业开展对外贸易业务。鼓励行业龙头企业延长产业链，提高国际化经营水平。支持自主品牌、自主知识产权企业参与国际市场竞争。支持有创新能力的外向型民营企业发展。二是优化对外贸易商品结构。加强对重点行业出口的分类指导。巩固装备制造、冶金建材、医药化工、羊绒纺织、电力、光伏材料等出口优势。提升玉米、籽仁等农畜出口产品精深加工能力和特色发展水平。提高节能环保、信息技术、新能源、新材料等战略新兴产业的国际竞争力。增加先进技术设备、关键零部件等进口，促进产业结构调整和优化升级。稳定能源资源产品进口，鼓励境外投资权益产品进口，合理增加一般消费品进口。三是提升对外营销能力。全面推广跨境电子商务发展，支持有条件的盟市申报、建设跨境电子商务综合试验区，进行制度创新。鼓励企业发展行业跨境电子商务平台，提供精准服务。支持中小企业通过第三方知名跨境电子商务平台开展对外贸易。支持企业建设公共"海外仓"，融入境外零售体系。支持有实力的企业在境外设立展示中心、分拨中心和零售网点，收购境外营销网络。四是大力发展边境贸易。落实中央财政支持边境贸易发展的政策措施，鼓励地方政府支持边境小额贸易企业能力建设。支持边境小额贸易企业向综合性多元化贸易转变。支持边境口岸资源落地加工，延长进出口加工产业链。学习借鉴广西等边境省（区）好的经验做法，将互市贸易区进口商品范围扩大到自治区毗邻国家和地区商品，积极推动满洲里、二连浩特等边民互市贸易区发展。规范满洲里、二连浩特等旅游购物商品出口，培育市场采购贸易。五是促进加工贸易创新发展。完善加工贸易产业布局。依托我区资源优势，主动承接境外及京津冀和国内沿海发达地区的产业和加工贸易转移。吸引知名跨国公司和国际连锁超市来我区兴办加工贸易企业。吸纳发达地区的整机生产、零部件、原材料配套加工落户我区，完善加工贸易上下游产业链，着力引导配套协作企业集聚发展，逐步形成产品配件和工艺配套的完整供应链，促进出口产品的本地化程度。打造加工贸易承接平台。积极争取将自治区加工贸易集中发展地区列入国家加工贸易重点承接地，扩大重点地区加工贸易规模。加大海关特殊监管区域建设力度，用好综合保税区政策，鼓励加工贸易企业向特殊监管区域集中。六是引导服务贸易加快发展。规划建设服务贸易功能区，依托现有各类开发区规划建设一批特色服务出口基地；培育服务贸易市场主体，加大对服务贸易发展的支持力度；扩大运输自治区服务贸易重点行业的出口规模；重点培育通信、金融和信息服务等资本技术密集型服务贸易；积极推动广播影视、动漫游戏等文化产品出口；支持医疗健康服务机构发展蒙医药中医药服务贸易；大力推进旅游贸易发展。

四、通力合作，优化对外开放环境

进一步推动对外贸易便利化是改善营商环境，为对外贸易企业减负助力、促进进出口稳定增长、培育国际竞争新优势的重要举措。一是提升公共服务水平。要逐步实施涉外窗口部门集中办公制度，集接待咨询、立项审批、注册登记、专业服务、统筹协调于一体，为企业提供一条龙服务，加快服务型政府建设。建立宽进严管的市场准入和监管制度，事前审批、事后监管和提供服务转变，探索建立专业化、社会化监管评估体系。加快建设中介服务体系，提供优质的投资、财务、法律咨询服务。培育区内开放发展的智库，深化与国内外知名咨询机构合作。推动大数据、云计算在开放型经济领域应用，发布有关政策、投资环境、市场需求、项目合作、风险预警等信息。二是促进贸易便利化。要继续规范进出口环节收费，实施收费止由清单制度，配合有关部门对没有被列入清单的收费项目进行打击。加快推动"通关一体化"和国际贸易"单一窗口"的建设，优化海关特殊监管区管理，进一步降低出口查验率。规范出口退税流程，加快出口退税进度。用好出口信贷、信保等政策工具，扩大保单融资、对外贸易储备委托贷款覆盖面。推广上海自由贸易试验区经验，实行外资准入前国民待遇加负面清单管理制度。落实境外投资备案制，简化境外投资管理，放宽境外投资限制，为企业"走出去"提供便利快捷的服务。三是建设法治化营商环境。加快形成高标准贸易投资规则体系，营造法治化、国际化、便利化的营商环境。完善优化投资环境评价体系，建立统一、开放、竞争、有序的市场体系和监管规则。顺应扩大开放新要求，健全完善贸易救济体制机制，加强贸易摩擦应对。建立诚信政府，健全社会和企业诚信体系，实施守信激励和失信惩戒制度，建立对信用主体的行政、市场和社会诚信联防机制。坚持依法行政，坚决制止各种形式的乱收费、乱罚款、乱摊派，实行收费许可和公示制，完善投诉案件处理协调制，保护投资者和经营主体的合法权益，维护公平竞争的经济秩序，形成有利于加快开放型经济发展的良好法治环境。

第三节　运输成本与中国对外贸易内部区域结构失衡研究

中国经济与贸易迅猛发展，取得了不俗的成绩，一跃成为世界经济与贸易大国。美国次贷危机过后，全球经济低迷，中国的经济与贸易发展也随之降速，进入调整过渡期，与之前的高速增长形成较大的反差。很多媒体、学者将这一阶段称为中国经济的"新常态"时期，一度进入热议阶段。其中不乏对中国经济的各种猜测与不利评论，如英国《金融时报》首席经济评论员马丁·沃尔夫发表了一篇名为《中国需谨慎应对"新常态"》的文章，其表明在高收入的国家中，居民认为中国经济发生了根本性变化，认为中国经济若不谨慎管理将会不堪设想；除此之外，也有比较积极的评论，如经济学家黄育川认为，中国经济发展的这种不平衡状态是中国经济发展取得成功的一种标志，而中国的债务问题则是政府有意刺激经济的结果，不会导致经济崩溃。与主流趋势相反，在他看来，中国经济改革应当集中于财政系统，而非金融系统。

中国经济与贸易的发展仍然在探索阶段，波动在所难免，经济与贸易增速的大起大落有其内部的深层次原因，关键在于发现问题，解决问题。从全球对外贸易发展的新趋势来看，控制成本，促进成本下降，是贸易发展的新主流方向之一。然而传统的贸易方式有很多不足之处，导致成本难以控制，贸易发展受到限制。对外贸易结构是反映对外贸易质量的一个重要标准。中国对外贸易成本的区域差异悬殊是造成中国对外贸易内部区域结构失衡、对外贸易质量低下的重要原因，也是新常态下，中国调整对外贸易发展方式，推动对外贸易健康发展的主要障碍。研究中国对外贸易成本区域差异的成因，探寻解决办法，具有极大的现实意义。本节从中国对外贸易内部区域结构的失衡状况研究入手，分析造成这种结构失衡的贸易运输成本因素，提出对策建议。

一、中国对外贸易内部区域结构失衡现状

一国的对外贸易区域结构是指对外贸易活动所能涉及的地区所在的空间分布与组合形式的一种动态状态。对外贸易区域结构可以分为对外贸易外部区域结构和对外贸易内部区域结构。对外贸易内部区域结构是指一国不同经济区域或经济带在一国对外贸易中的不同地位。中国的经济区域主要分为东部、中部和西部地区。中国的对外贸易内部区域结构描述东部、中部、西部三大地区的对外贸易发展状况及其在中国总体对外贸易中的地位和作用。

中国对外贸易在总体上蓬勃发展，对外贸易增速一度超过30%，但是从对外贸易结构上来看并不合理，对外贸易结构仍然处于较低水平，特别是中国对外贸易的内部区域结构失衡情况明显，虽然近些年颇有改善，但幅度很小。

（一）三大区域对外贸易额失衡

改革开放以来，中国对外贸易发展逐步规范化、正规化。中国加入世界贸易组织后，在政府的推动下，国内市场进一步开放，出口导向型对外贸易战略成为主导战略，成为中国对外贸易规模增长的重要推动力。然而，由于中国地域辽阔，不同省份及地区经济基础差异较大，政府提出了地区经济的梯度开发思想，即以发展对外贸易比较便利的东部沿海地区作为先发基地，进而再向内陆地区发展的战略，经过多年的发展，形成了东部、中部和西部三大经济地带，也使得这三大经济区域的经济与贸易发展呈现出梯度失衡的状态。在这种发展战略的指导下，东部地区的经济与贸易率先与世界接轨，利用国家优惠政策、国际国内两个市场、两种资源，特别是借助其优势的地理位置，对外贸易额与贸易量不断攀升，遥遥领先于中部、西部地区，实现了"先富"。然而，中部、西部地区处于内陆，信息与交通条件均比较闭塞，经济与对外贸易发展十分落后，并与东部地区的差距越来越大。

（二）区域对外贸易商品结构失衡

对外贸易商品结构能够反映一国进出口贸易的质量与不同商品的贸易比重。在对外贸易商品结构中，我们一般通过衡量工业制成品、机电产品及高新技术产品出口的比重来衡量一国或地区的对外贸易结构是否合理。从宏观对外贸易角度来说，我们主要看服务进出口在总体贸易中的比重。总体来说，与中西部地区相比，中国东部地区主要出口机电产品和高新技术产品，而中西部地区则依靠资源与气候优势，主要出口农产品、矿产资源产品等初级产品。如 2011 年，东部地区机电产品和高新技术产品出口分别达 9919.8 亿美元和 5099.3 亿美元，占东部地区出口比重分别达 59.3% 和 30.5%，对外贸易商品结构不断改善，从全国的范围来看，对外贸易结构比较合理。另外，从货物服务的贸易结构上来看，服务贸易进出口增长较快的省份也都集中在东部沿海地区，如 2015 年，占全国服务进出口总量四成的长江经济带沿线 11 省市，以及京津冀地区、东北地区服务进出口总额分别比"十一五"规划末增长 77%、65%、133%，发展势头较好，贸易结构不断改善。

但是，相对于中国的东部地区，中西部地区经济发展较落后，生产力水平低下，产业结构仍然以农业和传统工业为主，贸易模式主要由资源与气候等条件决定，主要出口农产品和矿产资源，如苹果、茶叶等。由于生产方式落后，中西部地区出口商品的加工程度较低，附加值低，因此贸易利益极低，对外贸易没有起到更好地推动地区经济发展的作用。经济与贸易是互相影响、互相制约的，西部地区的经济与贸易没有形成良性互动，落后的产业结构决定了中西部地区的贸易结构，再加上服务业发展水平较差，如 2015 年，我国中西部地区服务进出口占比为 15%，大大低于东部地区，因而经济与贸易均严重落后东部沿海地区，发展水平大大低于国家平均水平，制约了全国经济与贸易的持续发展。

（三）区域外资、对外贸易依存度失衡

改革开放以来，中国大力吸引外商直接投资，外资在推动地方经济与贸易发展的过程中，起着推动器的关键作用。2012 年，东部、中部、西部地区外商投资企业数分别为 355 864 个、47 833 个和 36 686 个，差距明显。东部地区的外贸、外资依存度在各地区中居于首位并高于全国水平，说明东部地区的经济对对外贸易与外商投资的依赖性较大，对外贸易与外商投资对经济发展的贡献突出。而对于中部与西部地区来讲，对外贸易依存度低于全国水平并大大低于东部地区，对外贸易的外资依赖性也很小。中西部地区以国有企业为主，外资企业所占比重较低，外资企业对西部地区对外贸易增长的促进作用就比较弱。因此，对外贸易对地区经济增长的贡献率也较低。从经济发展水平与人民生活水平上看，很明显，东部地区利用了发展对外贸易的优势，充分利用了国内外各种资源，发展了经济，提高了人民的生活水平。而中西部地区没有有

效地利用国内外两个市场、两种资源，经济发展水平低，人民的生活水平也低于全国水平。

由于外商投资水平低，中西部地区的对外贸易以一般贸易为主，比重高于东部地区，而加工贸易比重较低。由此，中西部地区的机电产品等工业制成品出口比重极低，对外贸易结构落后，亟待改善。例如，经济发达国家的对外贸易依存度一般在 30% 以上。我国的东部沿海部分省份的对外贸易依存度甚至超过 80%，而从中西部地区的对外贸易依存度整体来看，都在 10% 左右，开放程度非常低，说明这两个地区并没有充分利用国际市场，导致发展缓慢。

（四）区域对外贸易增速失衡

近几年来，由于全球经济萎缩，需求减少，中国总体对外贸易受到了很大的影响，特别是开放程度较高的东部地区。与其他指标正好相反，东部、中部、西部地区的对外贸易增速呈现出东部较慢、中西部较快的状态。根据统计数据显示，2015 年上半年，东部、中部、西部地区的对外贸易增速分别为 –7.5%、0.3%、–6.2%。可见，东部地区对外贸易降速最明显，中部地区对外贸易状态较好，没有负增长，西部地区内部的对外贸易增速也严重失衡，与 2104 年同期相比，西部城市宁夏对外贸易发展倒退最严重，而青海则以 63% 的增速居全国第一。在对外贸易增速快于全国增速的省份中，东部省份所占最少。可见，东部地区对外贸易发展已经遇到瓶颈，增长越来越慢，并较容易受国际市场波动的影响，频繁出现负增长，对外贸易发展急需转型升级。而中西部地区对外贸易发展速度虽然相对较快，但依然不具水平，而且十分不均衡，个别省份成绩突出，而大多省份依然发展缓慢。从整体来看，对外贸易增速快于东部地区，在"新常态"的经济与对外贸易结构调整中，发展潜力较大。

二、运输成本与中国对外贸易内部区域结构失衡的关系

（一）理论基础

有关地理位置以及运输成本对贸易的影响的研究，模型众多，引力模型就是其中一种。它是解释与预期人类在地理空间上的经济、社会及政治的相互影响与相互作用方式，利用经典力学中牛顿万有引力公式建立的一种理论假说。简单地说，引力模型就是论证国家或地区的双边贸易往来中，地理因素、贸易成员经济规模及人口等自然因素的作用以及其他拟制因素，如特惠政策对贸易的影响作用。除了引力模型，许多经济学家在其贸易理论中也都论述了地理位置、运输条件、运输成本对经济与贸易的重要影响，甚至是决定性的作用。如亚当·斯密在《国富论》的第三章中指出："劳动分工专业化的程度由市场大小决定，而市场大小由运输成本（效率）决定"。亚当·斯密在最初的国际贸易理论中就将运输成本放在比较重要的地位来研究。随后，学者们越

来越重视地理区域的作用，将地理区位与经济贸易发展相联系，进而衍生了许多专门的理论与学科，如区位研究理论、空间经济学等，这些都充分地证明了经济与贸易的发展是受地理及区位因素影响，甚至决定的，运输成本就是其中一个十分重要的因素。

（二）中国内部区域的区位与运输条件差异

地理区位是描述某事物的位置及其与其他区位事物之间的联系。区位选择理论描述了在经济发展过程中，各种经济主体，如政府、企业对经济发展战略的区位决定理论。中国宏观经济整体的发展区位战略选择了由东至西、由南至北的发展过程，生产要素、企业的区域战略也顺其道而行之。长此以往，造成了中国当前的区域经济发展失衡。好的地理位置会形成区位优势，从而促进本地区经济良好、健康地发展。地理区位的优势在很大程度上是交通运输的便利条件带来的，因而当不具备良好的区位优势时，可以通过建立便利的交通运输基础设施条件，促进经济与贸易的良性发展，抵消地理区位上的不利地位。地理大发现成就了西班牙和葡萄牙的霸主地位，因为其开发了贸易的便利通道。中国古代的繁荣昌盛也离不开"丝绸之路"的重要作用。当前，我国又提出"一带一路"倡议，并不断付诸实施，这在很大程度上将促进沿线省份对外贸易的发展，特别是内陆的中西部地区省份，可以帮助它们克服地理区位上的劣势。

公元前119年，汉王朝派张骞出使西域，开拓了陆上"丝绸之路"，是中国古代对外贸易的典型，然而十几个世纪过去了，中国的对外贸易却从当年的内陆地区转移到了东南沿海地区，这其中交通运输工具的变迁扮演了重要的角色。陆上"丝绸之路"始于汉朝，在那时虽然成本高昂，然而陆路运输却为主要的运输方式。到了宋朝，指南针开始广泛地应用到航海领域，加之造船技术不断提升，海运成本逐步低于陆路运输成本，陆上"丝绸之路"也逐渐发展成为海上"丝绸之路"。即便在交通技术高速发展的今天，海运与铁路和公路相比，仍有无法媲美的优势。因而，区位优势是可以通过交通运输条件的转换而随之改变的。

我国东部地区有较长的海岸线，建设了众多港口，海运条件好。其地处西太平洋航线的重要位置，与太平洋沿岸国家做贸易，运输尤其便利。东部沿海地区的长三角、珠三角及环渤海经济区的经济与贸易的快速发展，都与其便利的海运条件密不可分。当前，东南沿海地区成为我国海上"丝绸之路"的起点，是沟通中国和世界的窗口，区位优势不断加强。

在这种贸易运输的"海洋时代"背景下，反观中西部内陆地区，其距离海岸线较远，陆路运输又不发达，进行对外贸易只能将商品通过铁路或公路运输到最近的港口，再装上集装箱进行海运，这无疑增加了中西部地区额外的运输成本。即使青海、四川、重庆、湖南、湖北、江西、安徽等省份有长江流经，但长江的通航能力毕竟有限，船舶的吨位更是无法与远洋货轮相比，因此，对外贸易公司和企业在区位选择上只能是更加偏好东部地区。中国西部地区与邻国的贸易被自然的天然屏障阻断，不是运输成本高的问题，而是无法运输的问题。

交通运输之于经济发展，犹如血管之于人体，二者相互促进，相互制约。"要想富，先修路"的观点虽然简单却又内涵深远。顺畅、高效的运输系统促进经济的快速发展，反过来，经济的发展又会推动交通运输业的不断发展。只有二者保持协调发展的良好关系，才能使经济系统整体不断向前发展。但如果交通运输无法满足经济的快速发展，经济将陷入低谷，发展缓慢甚至倒退。而运输系统升级与发展的主要任务或最终任务是降低运输成本，从而降低商品的成本，降低价格，增强国际市场竞争力。

（三）运输成本对中国对外贸易内部区域结构失衡的影响

由于运输设施与运输成本的巨大差异，中国东部、中部、西部地区在进行对外贸易的过程中，成本差异巨大。长期以来，导致了区域贸易结构的严重失衡。由于运输的问题，中西部地区一直无法开发与其距离较近的国际市场，如印度、中亚国家市场。而我国的主要对外贸易市场都是经由东部通过海运与美、日、欧等主要市场进行贸易。在运输成本上，中西部地区要承担额外的国内运输时间和距离的成本。这个成本甚至比海洋运输的成本要高。众所周知，中西部地区出口大量的资源性产品和农产品，这些产品大多重量大、运费高，而这些产品的贸易利益又非常的微薄，因而贸易就被阻断了。

我国新"丝绸之路"战略带来了对外贸易发展的新出路。"丝绸之路"经济带海关区域通关一体化模式启动后，"丝绸之路"区域的太原、济南、青岛、郑州、拉萨、西安、兰州、西宁、银川、乌鲁木齐十个海关"十关变一关"。在这十个海关范围内，在海关备案的企业可以"属地报关，口岸放行"，在全区域范围内享受通关快速验放待遇。以洛阳为例，洛阳的 2 吨黄铜管从最东口青岛成功通关，5 月初又实现了最西口通关，一东一西通关成功，意味着通道打开了，更多的企业能享受到运输的便利。以此为契机，中部、西部对外贸易会有较快的成长。未来，包括中国一拖"东方红"拖拉机、中铝洛铜铜材和阿特斯光伏产品等在内的"洛阳制造"出口中亚、西亚等内陆国家，多了一条更快速、更便捷的国际通关大通道。降低运输成本，就是降低产品成本，就能增强产品在国际市场上的竞争力，有助于贸易的大范围展开，使得国家内部区域对外贸易得以均衡发展。

三、促进中国对外贸易内部区域均衡发展的对策

促进中国对外贸易内部区域结构的均衡发展，需要协调整体贸易布局，从政府、企业、市场等多个角度着手，切实改善中国内陆的交通设施建设，改善管理，提高物流行业效率，降低运输成本，提高贸易效益。

（一）加强中央政府与地方政府之间的政策协调

降低运输成本，促进区域对外贸易协调发展，从政府的角度来看，应从中央政府和地方政府两个方面进行政策统领和政策协调。首先，应充分发挥中央政府职能，改变过去偏向东部的一边倒政策，根据不同区域的不同发展目标制定区域差别政策；中央政府应不断完善市场经济体制，促进区域市场体制环境的统一，打破区域壁垒，开辟中国统一大市场，促进生产要素的区域间流动，形成合理区域经济与贸易分工，实现规模经济；中央政府应逐步完善公共服务，继续加强中西部地区基础设施建设、互联网等互联互通建设，切实落实各项政策法规，降低企业贸易成本，增强企业对外贸易的便利化。其次，地方政府间应该加强政策协调，促进区域经济合作，根据不同的地方特色发挥优势，构建分工明确、优势互补的区域经济发展。地方政府不能专权，明确地方政府职能，配合中央政策和市场调控。

（二）加快东部地区对外贸易转型升级，培育新优势

东部地区在原有对外贸易的基础上，加快转型升级，减少传统劳动密集型、低技术含量产品的生产，加快技术创新，实现产品升级换代，让产品的生产工厂转型为产品的研发中心、销售中心，加快服务贸易的发展。同时，东部城市应利用地理优势，建立交通运输龙头企业，强化交通运输职能管理，为中西部地区提供交通运输服务，降低中西部对外贸易成本。加强东部地区对中西部地区的辐射功能，树立供应链理念，在双赢的原则下，实现东部与中西部地区共同向前发展。

（三）中西部地区抓住机遇，变劣势为优势

不仅在大区域上，中国对外贸易发展严重失衡，只从中西部地区的对外贸易来看，两极分化的失衡情况也十分严峻。中西部地区长期以边境小额贸易与资源性产品的出口为主，贸易方式落后。因此，中西部地区要发挥各自优势，在全国贸易大供应链中寻求自己的地位，积极承接东部地区劳动密集型产业转移，将初级特色农产品进行深加工，以"绿色加工食品"等为地区特色，培育品牌，推向世界市场，实现贸易结构的升级转化。中西部地区应变劣势为优势，实现全方位的开放格局，东西兼顾，打造中国对外开放多元化的交通枢纽，降低交通运输成本。在民族文化底蕴的大背景下，走出一条独特的对外开放道路。

中国区域经济与贸易的和谐发展需要各地区共同努力，从国家角度进行总体布局和要素配置，在中国劳动力成本不断提高的情况下，应努力降低运输成本，保持对外贸易的竞争力，协调中国内部区域贸易结构，促进整体贸易的健康发展。

第四节　国际贸易实务中区域经济产品品牌价值链构建

在我国经济快速发展的新时代，国际贸易体系日益完善，对于区域经济发展具有十分重要的支撑作用，而构建产品品牌价值链则更具有战略性和持续性。本节对此进行了探索，在简要分析构建区域经济产品品牌价值链的价值基础上，重点分析了存在的制约因素，并就如何构建区域经济产品品牌价值链、提升国际贸易发展水平提出了有针对性的对策。

随着我国改革开放的持续深化，特别是在我国国际地位日益提升的时代背景下，我国国际贸易体系日益完善，这也使各地在发展区域经济的过程中拥有更广阔的发展空间，要有效地开展国际贸易工作，应当更加重视区域经济产品品牌建设，特别是要在构建价值链体系方面取得突破。尽管国际贸易企业普遍高度重视品牌建设，而且也在不断强化品牌影响力和吸引力，但仍然有一些企业没有深刻认识到构建区域经济产品品牌价值链的重要性，导致品牌建设受到较大的影响，不仅制约了国际贸易的有效开展，而且也导致了一些国际贸易企业品牌形象受到较大的影响。这就需要国际贸易企业在开展品牌建设与管理工作的过程中，一定要着眼于构建区域经济产品品牌价值链，积极探索更加科学的品牌建设与管理模式。

一、构建区域经济产品品牌价值链的重要价值

在我国国际贸易体系日益完善的新形势下，对于任何国际贸易企业来说，一定要高度重视品牌建设与管理工作，特别是要从区域经济的战略高度入手，努力在构建产品品牌价值链方面取得突破。通过构建区域经济产品品牌价值链，能够使国际贸易企业品牌建设与管理取得更大的突破，特别是由于价值链管理具有很强的融合性和渗透性，使品牌建设与管理工作不断成为国际贸易营销的重要手段，而且也能够使品牌建设与管理工作更具有拓展性，推动品牌的核心价值体系建设。例如，企业通过构建具有特色的品牌管理体系，可以使品牌建设与区域经济、企业形象、产品创新等进行有效的结合，进而能够实现品牌建设与管理的深度拓展，使国际贸易企业具有更加深远的影响，实现品牌建设与管理的效能性；通过构建区域经济产品品牌价值链，能够使国际贸易企业品牌建设与管理更加符合国际贸易发展的需要，特别是在当前品牌越来越受到重视的新时代，通过构建区域经济产品品牌价值链，能够使其更具有独特优势，国际贸易企业将品牌建设与区域文化紧密结合起来，赋予产品品牌强大的生命力，进而获得国际消费者的认可和依赖；通过构建区域经济产品品牌价值链，还能够使品牌

营销朝着多元化和效能化的方向发展。例如，有的国际贸易企业在开展国际贸易营销的过程中，塑造了独特的品牌形象，不仅在包装方面体现了区域特色，而且也在产品内涵方面进行了深入设计，使产品在国际市场上具有较强的影响力。

二、构建区域经济产品品牌价值链的制约因素

（一）存在观念制约

目前一些国际贸易企业还没有深刻认识到区域经济产品品牌价值链的重要价值，因而在实施的过程中缺乏有效性，特别是在开展品牌建设与管理的过程中，还没有形成科学的方法。例如，一些国际贸易企业还没有将产品品牌建设与国际化市场进行有效结合，特别是在开展品牌建设与管理的过程中，重视拓展市场，而没有从内部改革入手进行品牌塑造，导致品牌建设与管理缺乏系统性；有的国际贸易企业则没有树立"消费者导向"的品牌建设与管理理念，缺乏对品牌核心价值的打造，甚至一些企业为了追求效益，在进行品牌宣传的过程中出现了"虚假宣传"，不仅无法提高自身的品牌核心价值，甚至会对国际贸易企业的产品品牌造成十分不利的影响，这已经成为国际贸易企业构建区域经济产品品牌价值链的重要制约因素。

（二）存在体系制约

目前一些企业在构建区域经济产品品牌价值链的过程中，还没有建立比较完善的构建体系，特别是没有将国际贸易、区域经济、产品品牌等紧密结合起来，导致区域经济产品品牌价值链不够完善，无法形成良性循环。例如，有的国际贸易企业不注重"品牌生态论"建设，既没有构建比较完善的"品牌宽度"，也没有形成不同品牌对同种资源共同利用的"品牌重叠度"，必然会导致区域经济产品品牌价值链无法形成，在这种情况下，其国际市场影响力必然受到较大的影响，同时也无法在同行业当中形成比较优势。区域经济产品品牌价值链构建体系存在制约还表现为一些国际贸易企业不注重对品牌核心价值的挖掘和塑造。例如，有的企业不注重运用科学的技术收集消费者和客户对产品品牌的忠诚度和认同度，同时也没有进行有针对性的改进等。

（三）存在模式制约

从当前很多国际贸易企业，特别是中小国际贸易企业实施品牌发展战略的情况来看，尽管与过去相比有了进步，但在构建区域经济产品品牌价值链的过程中仍然没有形成科学的构建模式，最根本的就是不注重打造品牌独特形象，导致区域经济产品品牌价值链不够完整。例如，一些国际贸易企业没有正确处理好品牌外在形象与内在形象之间的关系，尽管在宣传方面下了很大的功夫，而且投入的规模也比较大，但由于品牌的内在形象不佳，甚至产品的质量和效果不佳，最终导致品牌宣传失败。还有一

些企业不注重将打造产品品牌与企业文化进行有效的结合，在打造品牌内部文化方面相对比较薄弱。例如，有很多企业尽管有很多好的产品，而且也具有一定的影响力和竞争力，但却没有实施"文化导向"的品牌营销，同时没有开展具有较强宣传效应和公关效能的品牌公益活动，导致品牌建设与管理受到较大的影响，整体竞争力仍然不强，品牌的可持续发展能力受到制约。

三、构建区域经济产品品牌价值链的实施策略

（一）创新区域经济产品品牌价值链构建观念

有什么样的观念，就会有什么样的行动。对于国际贸易企业来说，在开展国际贸易的过程中，一定要高度重视区域经济产品品牌价值链的构建，努力提升品牌建设与管理的深度和广度。这就需要我国对外贸易企业在开展市场营销与管理的过程中，一定要更将构建区域经济产品品牌价值链上升到战略层面，着眼于提升品牌的创新发展能力，将品牌建设与管理与区域经济紧密结合起来。例如，可以将产品品牌融入区域文化当中，大力提升产品品牌的文化内涵，进而起到更好的效果。创新区域经济产品品牌价值链构建观念，还要牢固树立"消费者导向"的品牌建设与管理理念，着力打造具有较强吸引力和影响力的品牌核心价值，将经济效益与社会效益、品牌建设与品牌创新紧密结合起来，不断提升品牌建设的整体水平。国际贸易企业也要深刻认识到新时代构建区域经济产品品牌价值链的综合效应，因而应当建立相应的品牌建设与管理组织机构，加强区域经济产品品牌价值链的研究。

（二）完善区域经济产品品牌价值链构建理念

构建区域经济产品品牌价值链是一项系统工程，不仅涉及方方面面，而且也具有很强的融合性和渗透性，因而应当加强区域经济产品品牌价值链构建体系建设。在具体的实施过程中，国际贸易企业应当大力加强品牌建设的整体性和系统性，特别是要将国际贸易、区域经济、产品品牌、企业品牌、行业品牌等紧密结合起来，在塑造品牌的过程中，应当本着"人无我有，人有我精"的原则，深入挖掘更具有内涵和价值的品牌文化，努力提升产品品牌的吸引力。要将"品牌生态论"应用于构建区域经济产品品牌价值链当中，既要抓好"品牌宽度"建设，也要在强化"品牌重叠度"方面实现突破。例如，可以将产品品牌建设与区域文化、区域特色以及区域品牌进行融合，借助区域品牌的力量提升产品品牌的影响力。国际贸易企业在挖掘和塑造产品品牌的过程中，也要更加高度重视消费者和客户的忠诚度和认同度建设，可以利用大数据技术收集相关信息，并不断优化和完善产品品牌发展模式。例如，通过产品创新提升其产品应用价值等。

（三）改进区域经济产品品牌价值链构建模式

对于构建区域经济产品品牌价值链来说，科学的模式可以使其更具有创新与发展能力，也能够在构建区域经济产品品牌价值链的过程中提升企业的经济效益和社会效益。这就需要国际贸易企业一定要更加高度重视品牌建设与管理模式创新，要将打造品牌独特形象上升到战略层面，强化产品品牌的特色化、个性化，进而实现产品品牌建设与管理的可持续发展。例如，国际贸易企业在构建区域经济产品品牌价值链的过程中，应当正确处理好品牌的外在形象与内在形象之间的关系，使"内外结合"与"相互促进"成为重要的方式，既要利用消费者喜闻乐见的方式进行宣传，也要在提升产品品质方面狠下功夫，而且也要高度重视产品品牌的持续创新。要更加高度重视品牌建设与管理的"文化导向"，国际贸易企业除要强化产品品牌"本土化"特色之外，在开展国际贸易的过程中也要进一步提升品牌文化的融合性，进而能够引起国外消费者的共鸣，对于提升国外消费者对品牌的认知度具有重要作用。

综上所述，在我国国际贸易快速发展的新时代，对于广大国际贸易企业来说，必须不断优化和完善发展体系，特别是要在品牌建设与管理方面取得新的更大的突破。随着"价值链"管理理论越来越受到重视，而且在各个领域和各个方面都得到了广泛的应用，使价值链管理理论的应用得到了有效拓展，而将其应用于区域经济产品品牌建设与管理当中则更具有战略性和创新性，不仅能够使区域经济产品品牌建设与管理取得更大的突破，也能够使品牌建设与管理发挥更加多元化的作用。这就需要国际贸易企业在开展区域经济产品品牌建设与管理的过程中，一定要积极推动创新，特别是要运用系统思维和创新理念，积极探索构建区域经济产品品牌价值链的有效形式，重点要在创新区域经济产品品牌价值链构建观念、完善区域经济产品品牌价值链构建理念、改进区域经济产品品牌价值链构建模式等诸多方面取得突破，最大限度地提升品牌影响力。

第十一章　国际贸易与区域经济增长

第一节　浅谈区域经济

区域经济发展既要借助要素的力量和投资方的力量，还要借助与它相关联的一些创新机制的力量。在国民经济、区域经济不断发展的情况下，对区域经济发展的创新尤为重要。据调查发现，区域经济发展的速度不断地提高。在速度加快的同时，质量问题也跟上了发展的步伐。但是，在区域经济发展过程中出现了管理机制尚未完善、创新形式得不到认可以及没有完整性的支撑体系等问题。针对上述区域经济所存在的问题，提出一些具有建设性的方案。

一、区域经济的创新与发展

研究表明，区域经济并不只是借助全部要素和其所投入的资金进行发展的，还会受土地资源、宏观管理以及劳动资源等因素的影响。要想提高某要素和资金的盈利，需要推动区域经济的发展。通过对区域经济发展中创新机制的调整，加强对要素和资金的管理。由此看来，创新机制在无形的状态中就成为区域经济发展的主导力量。

（一）区域经济发展的知识结构

19世纪20年代以来，逐渐流行了一种区域经济学。在此基础上，还初步形成了一种区域经济发展的理论体系。早期的一些区域经济学的专家、学者认为，区域是指所指定的地区所构成的一种复合体。在复合体形成的过程中，与场地、边缘地区以及核心有着紧密的联系。在复合体形成的阶段中，逐渐形成了中心地理理论、市场型的区位论以及农村区位论等区域经济发展的一种理论性模型。这些理论性模型都采用了一种假设的方法，将区域假设为一种孤立的单位。除此之外，还会受资源分布不均匀以及区域性特征的影响。最后，就会借助多种力量构建具有特色区域性的一种产业或是其产品。由此看来，区域经济发展的重要组成部分是依据每一个区域的优势和区域资源进行合理的调整、安排。这样，无论是在区域产业上对其进行合理的调整，还是在区域空间上对其进行有效的优化，都是推动区域经济发展的有效途径。直到20世纪

50 年代，一些专家、学者所阐述的区域，才可以在国民经济发展的过程中解决经济区域上的一些问题。然而，无论是区域性均匀理论，还是非区域性均匀理论，都在对区域发展中所存在的问题进行详细的分析。20 世纪 80 年代以来，无论是在对数据进行整理上，还是在对信息技术进行一定的优化上，都能增强区域经济发展所研究的范围。

（二）区域经济发展的创新源泉

区域经济发展的主要源泉是通过投资力量、创新能力以及要素这三部分所构成。这三种力量都在各个时期起到催化剂的作用。要素以及投资资金呈下滑的趋势发展，但区域经济要进行顺利的发展，就一定要借助科学技术的创新力量。经资料表明，无论任何一次社会的发展以及生活方式的转变，都给区域经济的发展造成极大的影响。站在科学技术的角度上去思考，科学技术水平的不断提高和创新都会影响区域的基础性的运用与研究，同时也促进区域经济结构的不断完善、质量的不断提高。除此之外，在制度创新的层面上进行分析，无论是强制性还是诱惑性的经济制度，在变迁的环节中，都会提高生产要素在区域范围中的流动速度。此外，还可以经过对生产要素进行合理的调整来提高区域经济发展的速度。

二、我国区域经济发展中的创新情况

伴随着人民生活水平的不断提高，我国逐渐把焦点转移到区域经济发展的创新中。每一个区域对经济发展的一种依赖性情况也逐渐消失，以体现创新在经济发展过程中的重要地位。对我国近几年来区域经济发展状况进行调查、研究，获知大部分区域都在增加对产品的创新、科学技术的创新以及原材料的创新等的投放。因此，可以推动我国区域经济发展创新机制的改革。就创新而言，各区域的创新是由技术性研发和制度性的创建两部分构成。在我国区域经济进行转型的状态下，无论是制度上的发展、创新，还是技术上的发展、创新，都取得了显著的成就。

（一）在我国区域发展中的制度创新

在我国区域发展的阶段中，虽然发展速度较快，但存在着较大的差异问题。在这样的背景下，各地政府都想调整区域经济的平衡发展。由此，在实际操作中都会关注对区域经济发展创新的制度体系，企图利用这种手段创建具有独特性的区域经济发展。由此推断，制度创新是区域经济发展的源泉，更是其他类型区域经济创新中速度、质量的一种保障。

（二）我国在区域经济发展中机制的创新

在制度创新的角度上可以对中国区域经济发展情况进行详细的分析。除此之外，还可以站在技术创新的基础上对我国区域经济发展创新的总数量和数量变化情况进行调查、分析。查阅大量的文献，得知在我国东部、东北区域、中部以及西部地区，工业行业在所规定规模以上的资金投放状况明显呈下滑的趋势发展，然而，在年均增长的概率上则表明地位仅次于西部、中部以及东部。

三、我国在区域经济发展过程中所存在的创新问题

我国的重要区域经济在创新层面上取得了较大的成就。但是，区域经济发展创新的总数量和所增加数量仍存在着较大的差异。简而言之，就是在我国区域经济发展的环节中，区域发展在创新上取得了显著的成就。但是，从创新的总数量和增加的情况来看，四个区域在创新发展上仍存在着很大的差距。中国区域经济在发展创新的过程中，对中国区域经济发展有一定的阻碍作用。其主要表现在以下几个方面。

（一）管理机制尚未完善

站在区域经济发展的角度上思考，在规划和布局上都给区域创新管理体制造成了严重的影响，进而在某种程度上给区域间和区域内创新带来了直接或间接的影响。总之，在区域内各种机器设备的资源配置上成果显著下降。在区域经济发展的过程中，区域内或者区域间在创新上都会有直接的沟通与合作。但是，这种直接的沟通与合作都受到管理机制的影响。区域内、外的创新要想达到资源共享的目标，都是一个较为困难的过程。简而言之，都会给区域内、外创新造成资源的浪费。除此之外，区域经济在发展的阶段中，虽然有一小部分的创新资源属于共同使用的一种资源，但是，在当前的创新管理机制的背景下，又将这种类型的技术创新分类成科研机构所担任的任务和其他人的一种财产性问题。由此看来，传统型的管理机制较容易使区域经济间的发展和区域创新走分离的方向发展，进而使每一个区域之间和区域的创新发展水平不能稳定地发展。在市场区域经济发展的背景下，有较多区域内的要素、区域间的一些要素都在市场上持续流动着。管理机制在管理的情况下，相分离的区域内或者是区域间创新早已不是区域经济发展的重要组成部分。最后，形成一种区域经济发展水平不均衡的状态。

（二）不坚持使用创新的手段

站在整个世界的角度上来分析区域经济的发展状况，每一个国家都有自己独特的区域经济发展水平。例如，在美国好莱坞中有影视电影、在美国加州的硅谷中有先进的科学技术水平以及在加拿大的安大略中有较为完善的通信产业等。这些地区以及这些国家都是凭借自己独特的区域中的优秀成果创造高质量的企业品牌来巩固每一个企业在全球各地中的地位。根据目前区域经济发展的状况来看，挖掘区域的特点在我国已经取得了优秀的成绩，但创新手段呈现出单一性的特点。归根结底，每一个区域经济在创新系统的整个环节中都没有对整个创新系统理解清楚，因此，都需要区域内和区域间进行不同主体间的相互互动，同时也需要各种不同要素之间进行交流与沟通。

为了实现这一目标，每一个区域经济发展应该找出各种区域经济之间所阻碍的因素，这样才能有针对性地促进区域经济创新机制的发展水平。另外，在区域经济发展的阶段中，产业构造的普遍现象在各个区域经济发展中体现着。归根结底，都是由于本身的创新能力低下造成各个区域经济之间核心技术掌握不到位，或者是技术上遇到了一些问题。由此推断，产业链中的低附加值量和盈利加工的简单组装是造成区域之间经济悬殊的根本因素。

（二）支撑体系尚未完整

区域经济发展中的创新机制，需要借助大量的人力、财力和先进的技术等力量的支撑。虽然在每一个区域经济发展的过程中提供了大量的人力、金钱以及机械设计等资源，但是却因缺乏具有针对性的理论基础作为支撑点，导致这些资源不能有效地发挥作用。与此同时，在中小企业区域内基础能力缺失以及资源的短缺，使各种活动不能正常地进行。再者，中小企业本身所具备的创新能力，资金的投放不足、土地资源的利用不足以及财税等问题，阻碍了创新发展的持续进行。除此之外，对知识产权进行详细的分析，获知中小企业中还存在着两大难题：专利注册的金额过高，中小企业在经济上难以承担这种压力；知识产权的诉讼金额是由中小企业来承担的。在某种程度上讲，对中小企业的创新盈利问题带来了严重的影响。换言之，就是降低了中小企业进行区域经济发展创新机制的积极性。由此看来，各个区域经济发展的创新，虽然推动着区域经济发展创新，但是却没有重视对区域经济发展创新建设的基本资源的投资。例如，在各个区域经济发展的阶段中，重视对区域经济内群体产业和对企业的创新，却忽略内部创新机制的一种新网络的发展，这将严重阻碍区域创新中各个主体共同合作、共同发展的进程。

四、提出中国区域经济发展创新机制的策略方案

在区域经济发展创新机制的过程中，需要借助四大支柱的力量来完成，主要包括公平公正的事物竞争方案、较为完整的金融系统、经过审视的经济方案以及较为民主化的法治生活环境。和中国区域经济发展的创新真实性数据进行有效的结合，获知区域经济发展的基础和科学技术、产业技术水平的发展有着紧密的联系。另外，区域的优势和文化的创新、发展也有着紧密的联系。若仅仅从区域经济创新机制对促进我国区域经济发展的科学性、协调性方面进行分析，可以利用以下方法、策略来达到目的。

（一）对创新管理机制进行合理的优化

打破传统的区域经济发展的管理方案，创新区域内或者区域之间的管理系统，提高区域经济发展创新机制新要素在区域内或者是在区域之间的一种沟通、合作。区域经济发展创新机制主要是为了使针对性的管理机制和区域经济之间的发展得到有效的

融合。唯有这样，在交易流通的领域中才可以降低其成本的投入，以进一步提升创新资源的资源配置效率。除此之外，还可以提高区域内和区域之间创新成果的转化速度，以制定出一些创新理论的成果策略。对创新机制管理有重要贡献的创新主体，可以实施奖惩制度，让区域经济发展的创新成绩转化成一种奖励的方式。反之，对创新机制能力水平比较差的区域，可以借助建立惩罚制度的影响，培养优秀人才，对资源进行巩固管理。

（二）加强自主化的创新

自主化的创新属于一种创造性活动。换言之，它是指所拥有核心技术的知识产权和新产品价值形成的一种过程。独自进行创新的劳动成果是新技术水平以及新品牌发现的一个过程。根据我国区域经济发展的状况进行分析，每一个区域内的各种产业和各项投资基本处于饱和的一种状态。每一个区域经济的发展应该抓住各种机遇，充分发挥其作用，还应该根据每一个区域的各种特点以及优势来提高各种技术、各个阶段以及各种原料等的创新能力水平，努力构造出适合区域经济发展的产业链。区域经济的发展和技术创新的发展是紧密相连的。同时，区域经济的发展也需要和制度上的创新、组织层面上的创新进行有效的结合。

（三）稳固各种区域经济发展的基础

在各种相关的政策上，每一个区域经济的发展都要制定出相对应的制度，以进一步推动各个区域内和各个区域之间的沟通、交流。在各项产业发展的基础上，发挥区域内产业群体的整体发展，以便为新的创新活动提供牢固的物质基础。同时，也可以减少创新投资资金的费用，推动创新劳动成就的转化速度。最后，可以促进区域经济进行全面的发展。由此看来，在推动区域经济发展中的创新体质的环节中，一定要结合本国的国情制定出相应的法律制度，保护好各项权利的权益以及维护好区域经济发展新体制创新主体的权益，充分发挥好各种类型中的创新主体的力量，以推动区域经济走科学化发展的道路。

综上所述，为推动区域经济创新机制的顺利发展，就要结合本国国情，针对各个区域经济之间所存在的问题，找出具有针对性的解决方案。唯有这样，才能从根本上促进我国区域经济创新体制的顺利发展，人民的生活质量才能得以提高，国家才能富强起来。

第二节　我国国际贸易与区域经济发展的关系

近些年来，我国国际贸易的规模逐渐扩大，产业和行业也越来越呈现多样化趋势，带动着国家的区域经济发展向着更高的台阶迈进。当前阶段，我国经济发展正处于结构调整、增长稳定、风险控制、发展促进等的关键阶段，经济的稳定发展离不开国际贸易。国际贸易在促进区域经济发展方面举足轻重，让国家区域经济的产业结构得到进一步的完善。同时，国家区域经济发展在一定程度上也决定了国际贸易的结构和总额，二者相互依存，不可分割。从当前阶段的国际贸易发展状况来看，我国区域经济发展与国际贸易之间的联系十分紧密，难以分离，要想更好地提高国家的经济实力，全面促进国际贸易与区域经济的协调发展至关重要。

一、当前阶段我国国际贸易的发展状况

改革开放以来，我国经济发展的速度和质量取得了前所未有的进步，一方面，国际贸易规模进一步扩大，与多个国家和地区建立了友好的经济联系；另一方面，我国国际贸易的产业结构跟随着区域经济发展的状况持续发展。除此之外，我国国际贸易的布局日趋合理，对外贸易发展的产业格局开始凸显出独特的优势。

二、国际贸易与我国区域经济发展之间的内在联系

（一）国际贸易能够促进提升区域经济总量

近些年来，我国国际贸易的发展取得了巨大进步，带动着我国区域经济向着更高水平发展和进步。根据凯恩斯的宏观经济理论，要想扩大经济规模，离不开居民消费和国内投资，更加离不开出口贸易的拉动。现阶段，我国社会保障体系还有待完善，国内的消费水平还比较有限，在很长一段时间内，居民消费对于国家的经济增长输出占比较少。因此，国际贸易作为刺激国家经济增长的重要方面，发展国际贸易就是在促进区域经济总量的提高。随着国家西部大开发等战略的实施，我国中部、西部以及中西部的国际贸易总量得到了快速的提升，中西部的区域经济发展诸多受益。由此可见，在未来相当长的一段发展时期内，我国区域经济的发展都离不开国际贸易。

（二）国际贸易能够促进区域经济的产业分工专业化

随着国际市场发展态势的日益变化，单一产品的出口竞争力逐渐下降，这为我国区域经济发展带来了严峻的挑战。区域经济的产业分工专业化对于提高产品的附加价值、增加产品收益具有重要意义。从宏观角度来看，产业分工专业化的国家在经济竞争上具有更为显著的优势。因此，国际贸易的持续健康发展不仅能够促进区域经济的发展，还能够促进区域经济的产业分工专业化。例如，近些年来，由于土地价值、劳动力价值等生产要素的价值不断增长，我国中西部地区的生产要素逐渐体现出发展优势，刺激国际贸易快速发展起来，同时带动该地区的区域经济活力不断提升。

（三）区域经济发展状况牵动国际贸易发展

国际贸易的持续健康发展离不开区域经济的发展和动力。随着我国经济发展战略的不断调整和实施，东北工业基地的重新复苏和振兴，西部大开发如火如荼，我国经济总量逐年增长，区域经济发展的成绩举世瞩目，这也在很大程度上带动了国际贸易的发展取得新突破。从本质上来说，国际贸易对于促进商品和各种具有价值的生产要素在国际范围内的流通和分配具有重要作用。因此，区域经济的健康发展能够牵动国际贸易的发展脚步，决定某些地区、某类产品在国际贸易中所占有的优势。

（四）区域经济发展状况决定国际贸易的产品结构

一个国家的国际贸易在发展过程中，产品结构是由一个国家的产业结构所决定的，不同的国家在产业结构上有不同的特点，由于我国不同地区的资源配置、文化特色等因素存在相对较大的差异，不同地区的产业结构大相径庭。随着近些年来我国产业结构的不断优化和调整，国际贸易的产品结构也在持续地发展变化，这表明区域经济发展状况与国际贸易的产品结构调整存在着不可分割的联系。

三、促进国际贸易与区域经济协调发展的有效策略

（一）加快区域经济产业分工细化

区域经济的发展状况对于国际贸易的发展进步具有重要意义。因此，发展区域经济首先要促进产业的专业化分工，让区域经济的产业分工不断细化。区域经济的产业分工细化程度大大影响国际贸易结构。加快区域经济的产业分工细化，不仅是为了实现区域经济的更快、更好发展，更是为了促进国际贸易水平的进一步飞跃。因此，国家应当密切关注国际经济市场的发展方向，根据国际市场的经济发展趋势对国内的区域经济和国际贸易结构进行宏观调控。一方面，对于生产的技术和工艺应当不断革新，将粗放式的传统产业经营发展模式改进为按需生产的模式，进一步提高产品的价值，同时适应国际市场对于产品的多样化要求，从而提高我国区域经济的竞争实力，促进国际贸易的持续健康发展。另一方面，国家要加快区域经济相关产业的转型升级，积极引进先进的技术和雄厚的资本，进一步促进产业分工细化。

（二）推进区域经济产业结构优化工作

随着我国社会主义市场经济的发展，国家资源、环境等方面出现了各种新的问题，成为制约区域经济进一步发展的重要因素。因此，推进区域经济产业结构优化工作是保持区域经济发展活力的重要途径。只有实现区域经济产业结构进一步优化，国际贸易的发展状况才能够得到进一步的改善，才能够增强我国经济的综合实力。当前阶段，我国的区域经济在发展过程中，产业结构、生产技术、发展政策等，与西方发达的资本主义国家相比，还有相当大的差距。因此，刺激区域经济活力、推进区域经济产业

结构优化工作是实现区域经济与国际贸易协调发展的不二法门。

（三）促进国际贸易融资能力的进一步提高

一个国家的贸易融资能力在很大程度上能够表现这个国家的国际贸易实力，更能够反映一个国家的综合经济实力。近些年来，随着国际经济总量的不断攀升，我国的综合国力和国际地位不断提高，在国际金融市场上的影响力也日益增大。但是随着区域经济与国际贸易之间的相互促进，我国的国际贸易发展过程中，贸易融资能源还比较有限。因此，建立健全相对更加完备的贸易融资机制是实现多边贸易发展、促进跨国贸易合作的重要措施。同时，促进国际贸易融资能力的进一步提高，能够为区域经济的发展提供更多的可能。除此之外，在国际贸易的发展过程中，对于对外贸易的约束不能忽视，严格控制融资行为能够在很大程度上避免贸易摩擦。这是我国国际贸易在发展过程中的关键环节。

（四）加强国际金融危机的防范和风险规避

随着经济全球化的持续发展，区域经济一体化程度大大加深，国与国之间的经济贸易和联系、合作日益密切。因此，在国际贸易的复杂环境中，任何一个国家出现金融危机、经济寒流状况，都会对整体的贸易带来严重的打击，给国家经济发展造成不可估量的损失。根据近些年来的国际贸易发展状况来看，东南亚金融危机、美国次贷危机等状况的发生，都对我国的国际贸易造成了严重影响，导致我国区域经济受到波及，带来了严重的经济损失。因此，促进国际贸易和区域经济的协调发展，坚决不能忽视国际金融危机的防范和风险规避。加强国际金融危机的防范和风险规避，必须要提高整体的金融危机意识，建立完善的金融风险评估方案和风险规避措施，最大限度地保证区域经济和国际贸易的健康可持续发展。

综上所述，国际贸易对于我国的区域经济发展具有重要的促进作用，同时区域经济的发展能够在很大程度上决定国际贸易的发展形态，二者相互影响、相互促进。因此，国家想要大力发展区域经济，促进区域经济的健康可持续发展，必须要积极发展国际贸易，在保证国际贸易活力的同时，及时科学合理地调整区域经济发展模式，提高金融风险的控制，实现区域经济和国际贸易的共同进步。

第三节　促进对外贸易与区域经济协调发展的相关策略研究

改革开放后，社会经济结构发生了巨大变化，我国经济发展处于越来越稳定的状态，各行各业的发展速度非常快。在经济全球化发展的大背景下，区域经济出现了不平衡现象，针对这种现象，政府必须采取措施进行改善与协调，促使区域经济发展得以平衡，并且深入总结区域经济在发展过程中存在的问题。对外贸易在区域经济发展过程中有着至关重要的作用，在一定程度上推动了本区域经济的进步与发展。与此同时，也造成了一些负面影响。要想使区域经济朝着快速、平稳的方向发展，就必须创建良好的对外贸易环境，促使对外贸易的积极性、活力得以调动，使对外贸易作用充分发挥。

一、区域经济发展、对外贸易两者间的关系

就推动区域经济发展的角度而言，对外贸易扮演了两个角色：一方面，对外贸易对区域经济发展具有促进作用；另一方面，对外贸易的产生导致区域经济发展格局产生了较大变化。

（一）对外贸易的负面影响

对于每个国家的经济发展而言，因各个国家在经济发展方式上存在差异，极易受全球经济市场的影响，容易出现区域经济发展差异。从发达国家与发展中国家的经济发展情况上看，两者的产业结构有明显差异，导致两者在经济发展过程中呈现出不平衡状态，区域对外贸易可能会发生两极分化。在发达国家中，对外贸易活动所占比例较大，然而发展中国家则大多使用高耗能能源，伴随时间的延长，高耗能产品会严重破坏区域环境，对现代区域经济发展具有不良影响。

（二）对外贸易的积极影响

对外贸易可分为两种：进口贸易和出口贸易，在对区域经济发展进行分析时，需综合评判两个方面的内容。首先，人们必须意识到，对外贸易可在很大程度上推动区域经济发展，随着外部市场的扩张，本区域经济能够得以带动，不仅能够促使劳动生产率大大提升，而且能够改造、提升现阶段的经济发展模式，促使区域经济发展朝着科学、稳定的方向发展。其次，在区域经济发展中，进口贸易也占据了较重比例，市场需求对进口贸易具有刺激作用，可增加进口贸易，对新经济增长点进行培育。另外，进口贸易有利于引入外国先进技术，促使相关项目研发费用减少，使产品生产效率提升。利用进口贸易，能够同本区域经济产生竞争关系，采用优胜劣汰的方式，使区域产品尽快更新换代，促使产品设备变得越来越完善。通过制定合理、完善的发展方案，有利于使区域经济发展得以推动，对本区域经济发展具有刺激作用，可使经济转型加速。

二、对外贸易、区域经济协调发展的相关策略

要想推动区域经济的快速、稳定发展，就必须制定合理的发展方案，明确对外贸

易区域经济发展特征，使区域经济发展得以平衡。

（一）促使人力资本投入增加

目前，我国信息化进程发展速度越来越快，且工业发展迅速，若单纯凭借资金投入与劳动力，则难以使现代经济增长需求得以满足。从目前的经济发展形势上看，企业不仅要重视投入资金、劳动力等资源，还要引入先进的科学技术，并且合理应用新技术，推动区域经济的发展。区域经济政府要制定明确的发展方针，以科教兴国作为发展目标，加大力度培养优秀人才，促使资金利用率提升。就区域教学而言，需转变传统教育模式，为区域经济发展提供多样化模式。除此之外，还要注重提升劳动者的专业素养，地方政府要采取措施使医疗保险制度变得更加完善。

（二）调整产业结构

因受到地域特征的影响，导致我国经济发展出现了不均衡的现象。在改革开放之后，我国东部地区的经济发展非常迅速，基础设施也逐渐完善，政府在相关政策上对东部地区的发展有所倾斜，基础条件较好，然而西部地区的发展却不够理想。上述原因的产生与政府在不同区域、不同阶段所采取的措施存在关联。目前，各地区的政府都已经对区域经济发展不平衡的问题进行了研究，并且开始采取措施对西部地区经济发展进行扶持，加大资金投入力度，促使农村机械化水平提升，提高农产品生产效率，调整产业结构，促使工业化进程加速。

（三）促使对外贸易机会变得更加均衡、平等化

目前，在对外贸易发展过程中，各区域经济发展都取得了一定成就，但是从实际发展情况上看，也存在差异。各区域在相关政策法规、基础设施上有明显差异，这会致使区域间贸易机会出现差异，各区域经济发展受到约束。因此，区域政府要采取措施对区域基础设施进行完善，并制定合理方案使相关法规变得更加完善，为区域经济发展提供有利条件，对区域经济发展具有促进作用。

在各区域经济发展过程中，对外贸易活动可起到很大推动作用，然而每个国家的不同区域在科学技术、基础设施等各个方面都有一定差异，区域政府必须意识到这一点，并采取完善措施，制定合理、科学的政策方案，使这种差异缩小。对外贸易中的作用机制会对区域经济发展过程产生非常深远的影响，政府必须制定协调发展策略，推动区域经济发展。

参考文献

［1］刘俊华．经济转型过程中对外贸易与经济发展的探讨［J］.江西广播电视大学学报，2018，20（2）：68-73.

［2］周子健．浅谈新常态经济下我国本土企业如何发展对外贸易［J］.纳税，2018（16）：193.

［3］吴莉．浅析对外贸易对中国经济的影响［J］.纳税，2018（15）：194.

［4］李月娥．对外贸易与经济增长的关联性分析［J］.济南职业学院学报，2018（1）：114-116.

［5］于彤彤．对外贸易对中国经济增长的长期影响分析［J］.经济论坛，2011（1）：62-66.

［6］王光净，杨继君，李庆飞．区域经济可持续发展的系统动力学模型及其应用［J］.改革与战略，2009，25（1）：128-132.

［7］刘莉．国际贸易和区域经济发展分析［J］.中国市场，2013（29）：99-100.

［8］王子璇．基于国际贸易的技术溢出效应对中国区域经济增长的效应研究［J］.中国电子商务，2013（21）：186.

［9］刘渝琳，冯其云．外资企业对外贸易与经济增长关系的区域差异分析：基于我国东部和西部地区面板数据的检验［J］.国际贸易问题，2007，291（3）：59-66.

［10］景永静．基础设施在区域经济差异中的作用探析［J］.河南财政税务高等专科学校学报，2009，23（3）：52-55.

［11］高国力．区域经济不平衡发展论［M］.北京：经济科学出版社，2008.

［12］花俊，顾朝林．我国区域发展差异的贸易经济研究［J］.地理研究，2011（2）：322-329.

［13］何莉．对外贸易与中国地区经济的差距［J］.财经科学，2010（7）：104-111.

［14］兰宜生．对外开放度与地区经济增长的实证分析［J］.统计研究，2012（2）：19-22.

［15］罗艳．中国对外贸易的经济增长效应及其作用机制的区域差异性研究［D］.重庆：重庆大学，2012.

［16］李国柱，马树才．区域贸易差异与区域不平衡发展研究［J］.商业研究，

2010（8）：24-26.

　　［17］付云鹏，马树才，丁义文，等．东北亚区域经济合作对中国产业结构的影响研究［J］．科技通报，2017，33（9）：265-268.

　　［18］叶传旭，刘晓东．金融支持吉林省地方经济发展的对策研究［J］．现代交际，2018（7）：78-80.

　　［19］张小倩，陈国庆，王辉艳．区域对外贸易可持续发展效率研究：基于吉林省的实证研究［J］．黑龙江工业学院学报（综合版），2017，17（9）：70-78.

　　［20］张丽娜，王桂霞．吉林省金融服务业发展与全国比较［J］．经济纵横，2014（12）：85-88.

　　［21］赵蓓文，陈煜明．中国对外投资新战略与开放经济发展新格局［J］．金融市场研究，2015（6）：73-83.